D1723292

TITEL

MARKETPLACES
ACROSS THE WORLD

Analysen und Ranking
zu Online-Marktplätzen
weltweit

AUTOR
Oliver Prothmann
Geschäftsführer p.digital gmbh
Präsident Bundesverband Onlinehandel e.V.
Handelsrichter

Dieser Branchenreport „Marketplaces across the World"
befasst sich mit den Online-Marktplätzen der eCommerce-
Branche in der ganzen Welt. Anhand ihrer DNA beschreibt er
differenziert wie sich die einzelnen Marktplätze voneinander
unterscheiden.
Im Hauptteil dieses Branchenreports werden unterschiedliche
Rankings der Online-Marktplätze und derer Betreiber
dargestellt. Insbesondere wird analysiert, welche Bedeutung
die Online-Marktplätze in der jeweiligen Region und weltweit
haben.
Folgende Marktplatz-Betreiber werden genauer analysiert:
Alibaba, Amazon, Craigslist, eBay, Naspers, Rakuten,
Schibsted, Walmart.
Folgende Länder und Regionen werden genauer analysiert:
Asia-Pacific (APAC), China (CN), Europa (EU), Deutschland
(DE), Frankreich (FR), Vereinigtes Königreich (UK), Vereinigte
Staaten von Amerika (US).

Weitergehende Informationen unter
www.marketplaces.digital
www.p.digital

Branchenreport 2017
1. Auflage August 2017
Version 1v2

In Kooperation mit

Bundesverband
Onlinehandel
e.V.

www.bvoh.de

www.choice-in-ecommerce.org

Alle Angaben / Daten nach bestem Wissen, jedoch ohne Gewähr für Vollständigkeit und Richtigkeit. Alle Rechte, auch die des auszugsweisen Nachdrucks, der fotomechanischen Wiedergabe (einschließlich Mikrokopie) sowie der Auswertung durch Datenbanken oder ähnliche Einrichtungen, vorbehalten.
Nutzung des Ganzen oder Teilen davon in Veröffentlichungen, Vorträgen oder Studien sind nur nach vorheriger Freigabe durch den Autor möglich.

Investor: Robin Prothmann, p.digital
Cover: Josef Bartz, comsign

ABSTRAKT

Dieser Branchenreport befasst sich mit den Online-Marktplätzen der eCommerce-Branche in der ganzen Welt. Anhand ihrer DNA beschreibt er differenziert verschiedene Kriterien und Themenschwerpunkte wie sich die einzelnen Marktplätze voneinander unterscheiden. Ganz besonderer Wert liegt dabei auf der strategischen Ausrichtung der Marktplätze, den möglichen Erlösquellen sowie auf der Prozesskette. Nicht zuletzt wird der Einfluss auf die veränderte Wertschöpfungskette der Händler betrachtet.

Im Hauptteil dieses Branchenreports werden unterschiedliche Rankings der Online-Marktplätze und derer Betreiber dargestellt. Insbesondere wird analysiert, welche Bedeutung die Domains der Online-Marktplätze in der jeweiligen Region und weltweit haben. So wird deutlich, dass die eCommerce-Branche mehrheitlich von wenigen großen Unternehmen gesteuert wird - und es trotzdem in vielen Regionen einen ausgeprägten Wettbewerb an Marktplätzen gibt. Dieser Wettbewerb zeigt sich u.a. durch die Anzahl der Domains der Marktplätze, deren Erfolg wiederum abhängig von der Anzahl Besuche ist. Die so ermittelte **Nachfrage** ist in diesem Branchenreport ein wichtiges Messkriterium.

Der Branchenreport kommt zu dem Schluss, dass die eCommerce-Branche mit ihren sich noch immer stark entwickelnden Plattformen und Online-Marktplätzen einen ernstzunehmenden Einfluss auf die regionale, nationale und weltweite Wirtschaft hat. Aufgrund dieser Veränderungen werden sich vermutlich ganze Branchen und Unternehmen neu aufstellen. Immer mehr Online-Shops wandeln sich zu Online-Marktplätzen und gehen den Amazon-Weg. Durch Integration von externen Händlern und eigentlich Wettbewerbern werden die eigene Produktbreite und –tiefe erweitert. Dadurch hat der Nutzer des Marktplatzes, sprich der Käufer, einen höheren Mehrwert und kommt gerne wieder, national und international.

INHALTSVERZEICHNIS

Kapitel 1

EINLEITUNG

Marktplätze in ihren unterschiedlichen Spielarten gibt es seit Jahrhunderten. Sie waren und sind bis heute Orte, an denen Anbieter auf Abnehmer treffen. Ein Warenhandel kommt zustande, wenn sich Anbieter und Abnehmer über die Ware und den Preis handelseinig werden. Bis heute war eine der wesentlichen Voraussetzungen für eine solche Transaktion die physische Anwesenheit beider Seiten. Inzwischen finden sich Anbieter und Abnehmer beim Handeln häufig auf weit weniger persönlichem Weg im Internet. Betreiber von Online-Marktplätzen schaffen über das Internet einen Ort, an dem Anbieter und Abnehmer Ware verkaufen und kaufen können.

Der Online-Handel (eCommerce) ermöglicht Anbietern oder auch Händlern ihre Ware einer breiten Kundschaft zentral anzubieten. Gewerbliche (Unternehmen) oder private Kunden (Verbraucher) erfreuen sich daran, an einer zentralen Stelle unterschiedliche Ware zu sichten, zu vergleichen, sich zu informieren und zu kaufen. Immer mehr Kunden nutzen diese bequeme Form des Handelns, weshalb fast monatlich neue Online-Marktplätze entstehen. Die chinesische Alibaba-Gruppe, die Amazon-Gruppe und die eBay-Gruppe sind im wesentlichen B2C und teilweise auch B2B-Plattform-Betreiber im eCommerce. Sie sind von großer Relevanz, da sie insbesondere den kleinen und mittelständischen Händlern (KMU) einen wichtigen Vertriebskanal bieten.

Die sogenannte Plattform-Ökonomie entsteht gemäß diesem Branchenreport durch die Geschäftsstrategie der eBay-, Uber- oder AirBnB-Plattformen. Diese bieten Konsumgüter, Fahrservice oder Unterkünfte, ohne sie tatsächlich zu besitzen. Diese Plattformen bündeln viele Einzelunternehmen. Dies scheint eine vereinfachte Form des Produktangebots zu sein, da der Anbieter in der Regel weniger Risiken und Verpflichtungen trägt. Diese Art des disruptiven Geschäftsmodells wird aktuell immer beliebter. eBay war 1998 ein Vorreiter dieser Denk- und Handlungsweise.

In China wurde von der Alibaba-Gruppe das größte Logistikunternehmen entwickelt, ohne eine Halle zu bauen, rein virtuell. Mit Cainiao Logistics betreibt die Alibaba-Gruppe das größte Logistiknetzwerk und ermöglicht Händlern und Konsumenten in ganz China einen schnellen Versandservice.

Marketplaces across the World

PLATTFORMEN VERÄNDERN REALWELT

Alibaba, eBay	Weltweit größte Kaufhäuser ohne eigenen Warenbestand
Facebook	Weltweit beliebtester Inhalte-Anbieter ohne eigene Redaktion
Netflix	Weltweit größter Filmeanbieter ohne ein eigenes Kino
Skype, WeChat	Größte Telefonie-Unternehmen ohne eigene Infrastruktur
Uber	Weltweit größtes Taxiunternehmen ohne ein eigenes Auto
Alibaba	Weltweit größter Logistiker ohne ein eigenes Lager
AirBnB	Weltweit größter Übernachtungsanbieter ohne ein eigenes Bett

Abbildung 1: Digitale Plattformen verändern die Welt

Aus diesem Grund scheint die Zahl der Plattformen für verschiedene Produkte stetig zu steigen. Die Plattform wird zu einem Überobjekt und der jeweilige Marktplatz ein Teil davon. Der Vorteil dieser Strategie bzw. dieses Geschäftsmodells besteht für den Kunden darin, dass er das gewünschte Produkt an einer zentralen Stelle finden kann und keine lange Suche notwendig ist. Es entsteht somit eine Einsprungadresse mit einer Vielzahl von Angeboten. Die Amazon-Gruppe verknüpft den Plattform-Charakter damit, selbst als Online-Händler aufzutreten.

Die Rolle von Händlern und Kunden hat sich durch den eCommerce deutlich verändert. Das mobile Zeitalter und der Zugang zum Internet hat eine digitale Haupteinkaufsstraße geschaffen, die den Verkauf und Einkauf durch das einmalige Hinterlegen von Daten erlaubt. Vertrauen bei Online-Händlern und Online-Käufern zu schaffen, ist das Ziel jeder Plattform, damit der Käufer immer wiederkehrt. Des Weiteren sind gerade Online-Marktplätze für Händler eine besondere Hilfestellung, um Cross Border Trade (CBT), also grenzüberschreitenden Online-Handel zu starten und durchzuführen. Das alles sind Voraussetzungen dafür, dass der eCommerce zusätzlich zum traditionellen stationären Handel genutzt wird.

Dieser Branchenreport veröffentlicht erstmalig eine Übersicht über Online-Marktplätze weltweit, innerhalb der APAC und EU Staaten sowie spezifisch der USA, China, Deutschland, dem Vereinigten Königreich und Frankreich.

Abbildung 2: Online-Marktplätze in Europa

Nach dem großen Erfolg von „Marketplaces across Europe" im Jahr 2015 haben wir uns entschieden eine Übersicht der weltweiten Plattformen und Domains zu erstellen, diese zu analysieren und ein

Ranking zu erstellen, um relevante Plattformen schneller identifizieren zu können. Das Ziel dieses Branchenreports ist zu zeigen, mit welchen Domains die Online-Marktplätze in welchen Regionen vertreten sind. Reine Online-Shops sind gemäß unserer Definition von Online-Marktplätzen nicht inbegriffen.

Dieser Branchenreport definiert Online-Marktplätze dahingehend, dass gewerbliche Händler Waren (hard goods) über eine Plattform verkaufen. Das heißt, es werden keine Plattformen berücksichtigt, die reine Services oder digitale Produkte wie Software oder Musik verkaufen. Preissuchmaschinen finden nur dann Berücksichtigung, wenn das Produkt auf der Plattform direkt gekauft werden kann. Daraus ergibt sich eine Liste von mehr als 740 Online-Marktplätzen für den Direktkauf, Auktionen und Kleinanzeigen, die sich auf den Bereich B2C (Unternehmen an Verbraucher) konzentrieren. Für die B2B-Plattformen (Unternehmen an Unternehmen) wird eine weitere Analyse und ein zugehöriges Ranking erstellt. Der Vollständigkeit halber sind B2B-Marktplätze im Ranking mit aufgeführt. Reine C2C-Marktplätze (Verbraucher an Verbraucher) sind in diesem Branchenreport nur unter bestimmten Bedingungen berücksichtigt.

Daten wurden im Mai 2017 erhoben und neben eigenen Recherchen und Berechnungen wurden öffentliche Daten von Alexa und SimilarWeb teilweise genutzt.

Kapitel 2

DIE ECOMMERCE-BRANCHE UND IHRE MARKTPLÄTZE

Im eCommerce, d.h. im elektronischen Handel, wird durch die über das Internet laufende Datenübertragung eine unmittelbare Geschäftsbeziehung zwischen Anbietern (Online-Händlern) und Abnehmern (Online-Käufern) geschaffen.

Die eCommerce-Branche besteht einerseits aus Anbietern und Abnehmern, die mit weiteren Online- oder Offline-Anbietern, d.h. Herstellern und (End-) Abnehmern Handel betreiben. Andererseits aber auch aus Online-Marktplätzen, die den Online-Händlern und -Käufern erlauben, sich an einem zentralen Ort zu treffen. Dies erleichtert den Handel und schafft einen gemeinschaftlichen Nutzen. Die Online-Marktplätze nehmen somit eine entscheidende Rolle in der eCommerce-Branche ein.

Wann immer Handel betrieben wird, kommt es zu einem Austausch bzw. zu beidseitig laufenden Prozessschritten. Dazu gehört in manchen Fällen auch, dass der Online-Händler bestimmte Produkte bei Herstellern / Produzenten bestellt, die für den Produktverkauf auf den Online-Marktplätzen benötigt werden. Dies ist der Fall, wenn es sich um einen gewerblichen Online-Händler handelt. Für diese erste Bestellung geht eine Zahlung zurück an den Hersteller / Produzenten. Dieser Vorgang unterscheidet sich nur wenig von der traditionellen Abwicklung eines Handels und soll daher hier nicht weiter betrachtet werden.

Die für diesen Branchenreport interessanten Abläufe beginnen mit der Registrierung des Online-Händlers auf der Website des Online-Marktplatzes. Die Registrierung ist meist die Voraussetzung dafür, im nächsten Schritt Artikel auf der Plattform bzw. dem Handelsplatz einstellen und anbieten zu können. Für die Registrierung und das Einstellen von Artikeln berechnen einige Plattformen bzw. Handelsplätze Gebühren, die vom Online-Händler an den Online-Marktplatz-Betreiber gezahlt werden. Darauf wird im Kapitel 2/1 „Die DNA der Online-Marktplätze" genauer eingegangen.

Sobald der Online-Händler seine Artikel auf der Website des Online-Marktplatzes eingestellt hat, können diese durch den Online-Käufer gefunden, gekauft und beurteilt werden. Hierbei kann es sich sowohl um gewerbliche als auch private Online-Käufer handeln. Gewerbliche Online-Käufer registrieren sich häufig bei B2B-Online-Marktplätzen, private Online-Käufer (Verbraucher) bei B2C-Online-Marktplätzen. Zuletzt konnte beobachtet werden, dass gewerbliche Online-Käufer auch auf B2C-Online-Marktplätzen einkaufen, weshalb diese Marktplätze ihre Geschäftsstrategie entsprechend anpassten. Sie bieten nun besondere bzw. zusätzliche Abläufe, die für gewerbliche Käufer eher geeignet sind und teilweise auch rechtlichen Vorgaben entsprechen.

Online-Marktplätze stehen innerhalb der eCommerce-Branche im Zentrum des Verkaufsprozesses. Die ursprüngliche Aufgabe eines Marktplatzes war es, Käufer zu finden und diesen die Ware des Händlers zu präsentieren. Das heißt die Schnittstelle von Händler zum Marktplatz war durch das Einstellen der Ware und die Kommunikation mit dem Kunden gegeben. Der Verkaufsprozess und die Bezahlung erfolgten außerhalb des Marktplatzes. In den letzten wenigen Jahren haben immer mehr Online-Marktplätze verschiedene Prozessschritte der Wertschöpfungskette eines Händlers in ihre eigene übernommen. Je nachdem wie die Geschäftsstrategie des Marktplatzes aussieht, kann diese Entwicklung für den Händler positive oder negative Auswirkungen haben. Positiv ist die mögliche Verringerung der internen Ressourcen, die der Händler für den Verkauf der Artikel benötigt. Negativ ist die eventuell verminderte Kundenloyalität durch den reduzierten direkten Zugang zum Kunden. Im folgenden Kapitel 2/4 wird auf den Einfluss der Marktplätze auf die Wertschöpfungskette des Online-Händlers eingegangen.

Die eCommerce-Branche hat in den letzten Jahren ein stetes Wachstum gezeigt und wie oben angesprochen einen signifikanten Einfluss auf die Vertriebsstrategie der Unternehmen sowie auf das

Kundenverhalten. Die rapide Entwicklung der eCommerce-Branche beeinflusst laut finalem Report der Sektoruntersuchung E-Commerce der Europäischer Kommission (2017) die Unternehmen und Verbraucher gleichermaßen.

Eine der wichtigsten Eigenschaften des eCommerce ist, dass Kaufprozesse auf den Online-Marktplätzen ohne Verzögerung erfolgen. Gefördert werden diese Prozesse durch eine verstärkte Preistransparenz, höhere Verfügbarkeit und bessere Auswahlmöglichkeit, die ihre Vorteile für Online-Händler und -Käufer bzw. Kunden anhand von folgenden Kriterien zeigen:

→ Kunden sind in der Lage den Preis eines, teils von verschiedenen Händlern angebotenen, Artikels online zu vergleichen. Das ermöglicht den Kunden günstiger einzukaufen.

→ Dieses veränderte Kundenverhalten erhöht den Preiswettbewerb, was wiederum Einfluss auf Produktqualität, -marke und -innovation des Online- und Offline-Geschäfts haben kann.

→ Verkäufer können die eigenen Preise mit denen der Wettbewerber leichter vergleichen. Zwei Drittel der Händler nutzen automatisierte Software-Programme, die ihre eigenen Preise verknüpft mit denen der Konkurrenz vergleichen und anpassen.

→ Online-Marktplätze erlauben es dem Verkäufer unzählige Neukunden zu gewinnen und den eigenen Bekanntheitsgrad zu erhöhen. Sie können so zu profitablen Vertriebskanälen für Händler werden.

→ Schneller Zugang zu neuen Kundengruppen im In- und Ausland.

Diese Kriterien betreffen nicht nur Online-Händler und Kunden, sondern auch die Online-Marktplätze, die wesentlicher Bestandteil der eCommerce-Branche sind. Als Vertriebskanäle erlauben sie einer Vielzahl von gewerblichen Online-Händlern, ihre Produkte online anzubieten und zu verkaufen. Dazu gehören mehrheitlich Konsumgüter, aller Produktkategorien. Eigentlich gibt es heutzutage kein Produkt mehr, was nicht online und damit auch über Online-Marktplätze verkauft und gekauft werden kann. Erst wenn es zum Abschluss eines Kaufvertrages einer besonderen rechtlichen Voraussetzung bedarf, wie z.B. beim Immobilienkauf, muss aktuell noch abgewartet werden, bis es hierfür einen Prozess gibt.

Kapitel 2/1

DIE DNA DER ONLINE-MARKTPLÄTZE

Die DNA jedes Online-Marktplatzes zeigt auf, wie der jeweilige Marktplatz agiert und funktioniert.

Die Unterschiede der Online-Marktplätze lassen sich anhand bestimmter Kriterien definieren. Jeder Marktplatz hat eine unterschiedliche Kombination von Kriterien und somit eine individuelle Art die Plattform zu betreiben.

Diese Kriterien sind insbesondere für die Gründer eines Online-Marktplatzes und deren Geschäftsstrategie wichtig zu beantworten und zu integrieren.

Folgende zehn Kriterien sollen die DNA eines Online-Marktplatzes definieren:

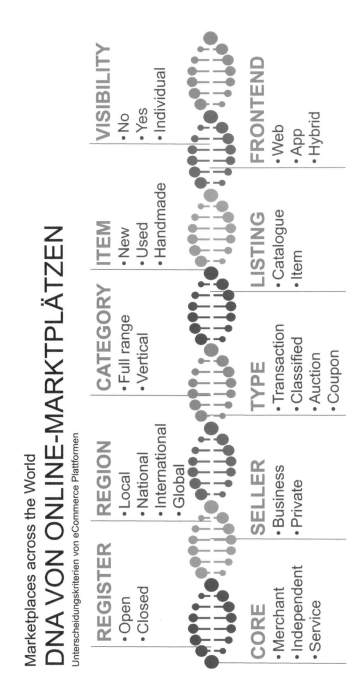

Marketplaces across the World

DNA VON ONLINE-MARKTPLÄTZEN

Unterscheidungskriterien von eCommerce Plattformen

REGISTER
- Open
- Closed

REGION
- Local
- National
- International
- Global

CATEGORY
- Full range
- Vertical

ITEM
- New
- Used
- Handmade

VISIBILITY
- No
- Yes
- Individual

CORE
- Merchant
- Independent
- Service

SELLER
- Business
- Private

TYPE
- Transaction
- Classified
- Auction
- Coupon

LISTING
- Catalogue
- Item

FRONTEND
- Web
- App
- Hybrid

Abbildung 3: Die DNA der Online-Marktplätze

KERN DER PLATTFORM (CORE)

Der Kern der Plattform beschreibt das unternehmerische Fundament der Plattform. Hier wird definiert, ob der Betreiber der Plattform ein reiner Betreiber ist oder auch als Online-Händler auf der eigenen Plattform agiert. Wenn der Betreiber auch Verkäufer ist, entsteht ein Wettbewerb zwischen dem Betreiber und den Online-Händlern.

Merchant: Betreiber der Plattform ist auch Online-Händler (Amazon, jd.com, Zalando)

Independent (neutral): Betreiber handelt nicht auf der eigenen Plattform (eBay, Rakuten, tmall.com)

Service: Betreiber will mit der Plattform einen besonderen Service anbieten, etwa lokale stationäre Händler in die Onlinewelt bringen.

REGISTRIERUNG (REGISTER)

Die Art der Registrierung für Händler zeigt das nächste wesentliche Kriterium einer Plattform bzw. eines Online-Marktplatzes auf. Der Betreiber entscheidet anhand des Geschäftsmodells, ob es eine Selektion von Händlern geben soll. Bei einem offenen Marktplatz kann sich fast jeder Händler anmelden. Bei einem geschlossenen Marktplatz entscheidet hingegen der Betreiber, ob der Händler zugelassen wird.

Open: Bei einer offenen Registrierung kann sich jeder Händler online anmelden und mit dem Handel beginnen. Dadurch haben alle teilnehmenden Händler die gleiche vertragliche Grundlage. Das bedeutet aber auch, dass es keine Selektierung der Händler gibt und somit die Wettbewerbssituation auf dem Marktplatz recht hoch sein kann (Alibaba, Amazon, eBay).

Close: Eine geschlossene Registrierung bedeutet, dass man Kontakt mit dem Betreiber aufnehmen muss und dieser individuell entscheidet, ob der Online-Händler zugelassen wird. Die Händler schließen hierbei gegebenenfalls unterschiedliche, individuell vereinbarte Verträge ab. Es wird zudem häufig individuell entschieden, welche Produktgruppen zum Verkauf zugelassen werden. Hier gibt es die unterschiedlichsten Modelle für den Drittanbieter. Meist bestimmen die Plattform-Betreiber, dass dem Verbraucher nur ein Angebot pro Produkt gemacht werden kann. Der Betreiber entscheidet also je nach Verfügbarkeit, Preis und Service-Level, von welchem Händler das Produkt dem Käufer angeboten wird. Die Planung für den Händler wird damit erschwert, da sich jederzeit ändern kann, ob seine Angebote überhaupt gezeigt werden (otto.de, Zalando).

Außerdem verlängert sich durch die individuelle Verhandlung zwischen Marktplatz und Händler der Anmeldeprozess entsprechend.

VERKÄUFERTYP (SELLER)

Das nächste Kriterium zeigt einen weiteren wesentlichen Unterschied zwischen den Online-Marktplätzen. Es bezieht sich auf den Anbieter-, also Verkäufertyp. Hierbei wird zwischen gewerblichem Händler und privatem Verkäufer unterschieden. In Deutschland und anderen EU-Mitgliedsländern wird diese Unterscheidung aus rechtlicher und steuerlicher Sicht getroffen und bei der Registrierung abgefragt.

Aktuell gibt es drei Varianten unter den Online-Marktplätzen: B2C (gewerblicher Händler an privaten Käufer), B2B (gewerblicher Händler an gewerblichen Käufer / Unternehmen) und C2C (private Verkäufer an private Käufer). Reine C2C Plattformen sind demnach nur für private Verkäufer zugelassen und werden in diesem Branchenreport nicht berücksichtigt.

Business: Der gewerbliche Händler wird auf den Online-Marktplätzen, insbesondere in Deutschland, als dieser gekennzeichnet und unterliegt im B2C diversen rechtlichen und steuerlichen Verpflichtungen gegenüber dem privaten Käufer. Entsprechendes gilt bei gewerblichen Käufern im B2B-Geschäft. Auf diesen B2B-Markt konzentriert sich der vorliegende Branchenreport nur, wenn dies einem vollständigen Verständnis dient.

Private: Auf Plattformen mit mehrheitlich bzw. ausschließlich privaten Verkäufern gelten andere rechtliche Grundlagen. Es besteht etwa nicht zwangsweise ein Rückgabe- und Widerrufsrecht.

REGIONALITÄT (REGION)

Ein nicht zu unterschätzender Faktor ist die regionale Ausrichtung des Marktplatzes. Hierbei finden sich verschiedene Varianten - von lokal bis global agierend. Die Käuferschaft unterliegt auf bestimmten Portalen ebenfalls dieser Regionalität und wird dadurch stark differenziert.

Local: Die Diskussion, den lokalen stationären Handel zu fördern, lässt immer häufiger lokale Online-Marktplätze von Städten und Kreisen entstehen. Diese Local-Commerce-Marktplätze sind darauf spezialisiert, dem lokalen stationären Handel eine Tür in die digitale Welt und damit den eCommerce zu öffnen. Ob diese spezialisierte Version eines Marktplatzes erfolgreich sein wird, muss erst noch bewiesen werden. Durch die regionale Einschränkung der Käuferschaft könnte der Erfolg schwieriger zu erreichen sein.

National: Die meisten Marktplätze sind national aufgestellt. Dies ist der Gründungsstrategie des Online-Marktplatzes und der Sprache der Käufer geschuldet. Sollte eine Erweiterung in andere Länder geplant sein, sollte sich der Betreiber frühzeitig entscheiden, ob diverse nationale Online-Marktplätze gegenüber einem internationalen oder gar globalen Marktplatz vorzuziehen sind.

International: Bei internationalen Online-Marktplätzen bildet man über eine technische Plattform mit einer Domain diverse, meist nachbarliche Länder ab, beispielsweise ebay.de für die DACH-Region. Die verschiedenen Sprachen werden über eine Sprachauswahl und Erkennung der Browsersprache gesteuert.

Global: Einen global ausgerichteten Online-Marktplatz gibt es nur unter einer Domain und er spricht global alle Händler und Käufer an. Häufig ist es für den Verkäufer irrelevant, wo auf der Welt der Käufer sitzt. Dadurch ist diese Plattform meistens von Beginn an für international agierende Online-Händler von Interesse. Natürlich müssen diverse rechtliche Besonderheiten auch über eine solche Plattform abbildbar sein: Der Online-Händler muss sich u.a. im Klaren sein, dass ein globaler Versand möglich sein muss. Aufgrund des Weltpostvertrages ist es etwa für Händler aus Entwicklungsländern einfacher und günstiger global zu versenden, als für europäische Händler, was die Wettbewerbssituation stark beeinflusst.

TRANSAKTION (TYPE)

Ein weiteres wesentliches Kriterium ist die Art des Verkaufens, d.h. wie der Verkauf abgewickelt wird. Aktuell sehen wir vier unterschiedliche Formen einer Transaktion: Direkt-/Sofortkauf, Auktion, Kleinanzeigen (Annonce) und Gutschein (Coupon).

Transaction (T): Bei einem Direkt- oder Sofortkauf wird die Transaktion direkt auf der Plattform abgeschlossen. Der Online-Marktplatz hat ein Bezahlsystem mit mindestens einer Zahlungsart integriert, wodurch der Online-Käufer die gewünschte Ware direkt bezahlen kann und den Kaufprozess abschließt. Die Plattform übermittelt dem Online-Händler den erfolgreichen Abschluss der Transaktion mit der Aufforderung die Ware zu versenden. Den Kaufpreis erhält der Online-Händler nach einem Zeitraum, der zwischen dem Plattform-Betreiber und Online-Händler vertraglich bestimmt wurde. Die Online-Marktplätze zahlen den Kaufpreis zeitverzögert aus, um bei etwaigen Käuferbeschwerden vorzeitig reagieren zu können.

Auction (A): Gerade in den Anfängen des eCommerce war die Auktion ein beliebtes Mittel um eine Transaktion abzuschließen. Insbesondere die Online-Marktplätze der eBay-Gruppe haben die Auktion bei Online-Händlern und Käufern beliebt gemacht. Online-Käufer hatten einerseits die Möglichkeit über eine Auktion ein Produkt, an dem zum Zeitpunkt der Auktion wenig Interesse bestand, günstig zu ersteigern. Andererseits haben Online-

Händler häufig ein Produkt über die Auktion teurer verkauft als über den Direktkauf - weil zum entsprechenden Zeitpunkt großes Interesse an dem Produkt bestand.

Aufgrund der stark gestiegenen Verfügbarkeit von Waren und Verkaufskanälen, hat das Interesse an der Auktion bei Verbrauchern deutlich nachgelassen. Heutzutage ist die Auktion insofern weiterhin eine erfolgreiche Verkaufsart um z.B. Lagerüberhänge schnell abzuverkaufen. Sobald ein Gebot auf dem Angebot besteht, wird es zu einem Online-Verkauf kommen.

Classified (C): Für den C2C-Bereich ist das Kleinanzeigenformat sehr beliebt. Hier bietet der Online-Verkäufer per Anzeige das Produkt an und der Online-Käufer muss direkt mit dem Verkäufer in Kontakt treten. Die Transaktion, d.h. der Austausch von Ware und Kaufpreis findet meist beim Verkäufer vor Ort statt. Der Verkäufer muss nach dem Verkauf die Anzeige beenden und deaktivieren. Die Plattform hat hier eine schlechtere Kontrolle über Art und Preis des Verkaufs. Allerdings zeigen die Rankings, dass das Anzeigengeschäft weiterhin ein sehr beliebtes Shoppingerlebnis für den privaten Käufer ist. Gebrauchte oder aufgearbeitete bzw. instandgesetzte Ware (refurbished), die auf Kleinanzeigeportalen angeboten und gesucht wird, kann mit einem zufriedenstellenden Absatz rechnen. Auch Neuware insbesondere aus Kategorien, die auf Kleinanzeigenportalen gerne gesucht werden (Autoteile, Möbel, Kinderbekleidung etc.) sind interessante Produkte für diesen speziellen Kanal. Daher haben auch Händler erkannt, dass dort die Anzahl der Kunden steigt und prüfen den Verkauf eigener Produkte über Kleinanzeigenportale.

Der meist kostenfreie Verkauf über diese Plattformen ist vorteilhaft für beide Seiten. Da die Transaktion nicht automatisch auf der Plattform stattfindet, empfiehlt es sich für den Händler, einen besonderen Kundenservice anzubieten, den Käufer anrufen können, um etwa die Transaktion abzuschließen oder die Ware schicken zu lassen. Auch das Einstellen der Ware auf dem Kleinanzeigen-Portal ist aufwändiger, weil meist eine Automatisierung fehlt. Da der Wettbewerb unter gewerblichen Händlern auf Kleinanzeigenportalen noch gering ist, kann dies zu einem sehr interessanten Absatzkanal führen.

Coupon (Q): Auf Coupon bzw. Gutschein-Portalen, wird nicht direkt das Produkt oder ein Service verkauft, sondern ein Gutschein angeboten, der dann zu einer rabattierten Leistung führt. Dieses Modell hat insbesondere Groupon weltweit sehr beliebt gemacht und ist eine Digitalisierung der Rabattmarke. Inzwischen wandeln sich diese Plattformen auch zu Marktplätzen, weil der hohe Kundenverkehr der Portale genutzt wird, Ware und Leistung direkt zu verkaufen.

KATEGORIE (CATEGORY)

Die angebotene Produktvielfalt wird entweder durch ein horizontal breitgestreutes Produktangebot bestimmt, das mithilfe eines Vollsortiments (Full Range), d.h. durch eine Vielzahl von Produktkategorien eine größere Breite an Kunden erreicht oder den vertikal spezialisierten Ansatz, der sich auf eine oder wenige Produktkategorien konzentriert.

Full Range: Online-Marktplätze mit einem Vollsortiment ermöglichen den Kaufbedarf des Abnehmers vollumfänglich zu befriedigen. Der Plattform-Betreiber sollte nicht nur auf die Breite im Sortiment achten, sondern auch auf die Tiefe, damit der Marktplatz die entsprechende Relevanz gewinnt. In diesem Branchenreport werden alle Marktplätze der Full Range Kategorie zugeordnet, die nicht nur einer Spezial-Kategorie zuzuordnen sind.

Vertical: Selbst die heutige Amazon-Gruppe war zunächst nur ein Spezialist für Bücher und Medien. Inzwischen ist sie ein Online-Marktplatz mit Vollsortiment. Für die Kategorien Automobil, Fashion, Mode, Sport, Wein oder Waffen/Jagd finden sich im Ranking Spezialisten.

LISTUNG (LISTING)

Es ist grundsätzlich wichtig zu verstehen, in welcher Struktur die Produktdaten auf dem Online-Marktplatz gelistet bzw. hinterlegt sind. Hier unterscheidet man zwischen einer katalogbasierten Produktstruktur und einer artikelbasierten Struktur.

Catalogue: Wenn die Plattform eine katalogbasierte Produktstruktur anbietet, muss der Online-Händler beim Einstellen die eigenen Artikel mit dem Katalog des Marktplatzes abgleichen (matchen). Der Händler muss also seine Daten mit einem eindeutigen Kennzeichen (Identifier) versehen (etwa EAN / GTIN / MPN), damit das System den Artikel einem Produkt im Katalog zuordnen kann. Die Vorteile einer Katalogstruktur ergeben für den Marktplatz-Betreiber mehr Möglichkeiten Angebote in der Suche und auf Landingpages etc. darzustellen. Dem Online-Käufer ermöglicht es, Produkte einfacher miteinander zu vergleichen.

Der Vorgang des Einstellens wird dazu meist vereinfacht, weil die Plattform das Produkt einmal anlegt und die Händler die zu verkaufenden Artikel nur mit wenigen zusätzlichen Daten (Preis, Zustand, Verfügbarkeit, Menge) an die Plattform übermitteln müssen. Typische katalogbasierte Online-Marktplätze sind die der Amazon-Gruppe und alle Systeme basierend auf einem Preisvergleich.

Item: Auf einer Plattform, auf der jeder Artikel einzeln verzeichnet und einer Kategorie zugeordnet wird, ist die Vergleichbarkeit dieses Artikels erschwert. Das Angebot eines Artikels steht für sich alleine auf der Plattform und der Online-Händler sollte wesentlich detailliertere Informationen zum Produkt zur Verfügung stellen. Da eine nicht-katalogbasierte Plattform in der Regel nicht über sämtliche Produktinformationen verfügt, sollte der Verkäufer Artikelnamen sowie Artikelbeschreibung und -merkmale eingeben. Kleinanzeigenportale, aber auch die eBay-Plattform arbeiten bisher fast ohne Katalog.

Vorteile in dieser Struktur liegen darin, dass jeder Artikel gelistet werden kann und es keine Beschränkung durch einen notwendigen Eintrag im Katalog gibt. Außerdem hat der Verkäufer die freie Wahl der Darstellung des Artikels und nicht die Plattform.

PRODUKT (ITEM)

Die Beschaffenheit des zu verkaufenden Artikels ist ebenfalls ein wesentliches Kriterium eines Online-Marktplatzes. Je nach Marktplatz werden Neu-, Gebraucht- und/oder selbstgefertigte Ware verkauft.

New: Zur Neuware zählt gemäß unserer Definition auch Refurbished Ware, also überarbeitete und auf Vollständigkeit sowie Funktionsfähigkeit geprüfte Ware. Bei Neuware gibt es weitergehende Unterscheidungsmerkmale wie mit Etikett oder ohne Etikett.

Used: Gebrauchtware ist eine im Zustand und der Funktionalität gebrauchte Ware. Hierbei muss sehr darauf geachtet werden, dass der Zustand über Fotos und Beschreibung genau dargestellt wird.

Handmade: Großer Beliebtheit erfreuen sich auch Marktplätze mit Handarbeit, also selbstgefertigte Waren in kleinen und individuellen Stückzahlen. Die Verkäufer sind meistens Einzelpersonen, die in Hausarbeit Produkte anfertigen.

SICHTBARKEIT (VISIBILITY)

Online-Marktplätze profitieren von einer steigenden Anzahl registrierter und tätiger Online-Händler, auch wenn der Umgang zwischen Marktplatz und Händler und die Sichtbarkeit des Händlers sehr unterschiedlich sein kann. Insbesondere bei geschlossenen Marktplätzen kommt es häufig vor, dass der Händler an sich, hin zum Käufer, nicht zu erkennen ist. Der Käufer sieht nicht, dass sich hinter dem Angebot etwa auf dem Otto oder Zalando Marktplatz eigentlich ein anderer Händler befindet. In manchen Fällen verschickt der Händler die Ware mit einer Rechnung, die das Logo des Marktplatzes trägt, aber nicht das des Händlers. Auf anderen Online-Marktplätzen kann man den Händler auf der Seite des Produktangebots erkennen, jedoch nur mit Firmennamen und wenigen Zusatzinformationen. Wenige Online-Marktplätze geben dem Händler die Möglichkeit sich vollständig zu präsentieren und damit auch die Unterschiede zum Wettbewerber darzustellen.

No: Keine Sichtbarkeit des Händlers auf dem Marktplatz (Otto, jd.com, Zalando)

Yes: Händler wird mit standardisierten Informationen genannt. Es fehlt aber jegliche Art der Differenzierung (Amazon)

Individual: Der Händler kann sich und sein Angebot individuell in einem bestimmten Bereich darstellen (eBay, Rakuten)

OBERFLÄCHE (FRONTEND)

Bisher haben die Online-Marktplätze ihre Angebote ausschließlich über eine Website angeboten. Mit fortschreitender mobilen Nutzung des Internets unterscheiden sich die Marktplätze auch in der Darstellung zum Kunden, d.h. viele bieten den Zugang zur Plattform über eine alternative Zurverfügungstellung einer App an. eBay vermeldet inzwischen, dass 50% der Umsätze über mobile Endgeräte erzielt werden. In China wird durch die Alibaba-Gruppe vermeldet, dass sogar bis zu 80% der Umsätze über mobile Endgeräte erzielt werden. Daher sollte jeder Online-Marktplatz und Online-Händler prüfen, wie mobil der Marktplatz ausgerichtet ist bzw. ob die eigenen Angebote in der mobilen Version des Marktplatzes auch richtig angezeigt werden.

Web: Der Marktplatz präsentiert seine Angebote nahezu ausschließlich über eine Desktop-Website, die maximal responsive gestaltet ist (Rakuten).

Hybrid: Bei einer hybriden Strategie bietet der Online-Marktplatz sowohl eine Webseite als auch eine oder mehrere Apps an (Amazon, eBay).

App: Viele neuere Online-Marktplätze folgen dem mobilen Trend und existieren nur mobil als App (Wish.com).

Kapitel 2/2

STRATEGISCHE AUSRICHTUNG VON ONLINE-MARKTPLÄTZEN

Im Laufe der letzten Jahre haben sich verschiedene Geschäftsmodelle der Online-Marktplätze etabliert:

→ B2B (Unternehmen an Unternehmen)
→ B2C (Unternehmen an Verbraucher)
→ C2C (Verbraucher an Verbraucher)

B2B-Online-Marktplätze adressieren gewerbe-treibende Nutzer eines Marktplatzes, d.h. ein Unternehmen bietet anderen Unternehmen Produkte zum Kauf an. B2C-Online-Marktplätze bieten gewerbetreibenden Nutzern die Möglichkeit, ihre Produkte privaten Kunden (Verbrauchern) anzubieten. C2C-Online-Marktplätze erlauben den Handel nur zwischen privaten Verkäufern und Käufern, d.h. zwischen Verbrauchern.

Die drei bekanntesten Plattform-Betreiber sind derzeit die Alibaba-Gruppe, die Amazon-Gruppe und die eBay-Gruppe. In den vergangenen Jahren ist aufgefallen, dass jedes dieser Unternehmen die eigene Geschäftsstrategie und die laufenden Domains um den B2B-Bereich (Amazon-Gruppe, eBay-Gruppe) oder den B2C Bereich (Alibaba-Gruppe) erweitert hat. Alibaba.com ist die B2B-

Plattform der Alibaba-Gruppe, zu der auch die Domains taobao.com und aliexpress.com gehören. Diese sind jedoch dem B2C Bereich zuzuordnen. Die noch immer mehrheitlich im B2C-Bereich agierenden Online-Marktplätze der Amazon-Gruppe und eBay-Gruppe bieten ihre Plattformen gewerbetreibenden Verkäufern an, die ihre Produkte privaten Käufern, also Verbrauchern verkaufen wollen. Da immer mehr kleine Unternehmen, vor allem KMUs und Selbstständige ihre Beschaffungen über diese Online-Marktplätze abwickeln, haben die eBay-Gruppe (2005) und die Amazon-Gruppe (2016) die Kategorie „Business" eingeführt.

Die Strategien der Amazon-Gruppe und Alibaba-Gruppe im Vergleich zeigen, dass die Amazon-Gruppe die nationale (.cn, .de, .fr, .it etc) und internationale (.com) Marktplatz-Strategie verfolgt, wohingegen die Alibaba-Gruppe bisher nur die globale Marktplatz-Strategie definiert. Dafür hat sich auch das Wish.com entschieden. Unserer Ansicht nach, erklärt dies unteranderem den schnellen Markterfolg von Wish.com. Die Alibaba-Gruppe hat nur eine Plattform-Adresse und Domain für alle Länder weltweit. Die Geschäftsstrategie der eBay-Gruppe hatte zu Beginn eine nationale Ausrichtung. Noch heute bietet die eBay-Gruppe für die geographisch unterschiedlich platzierten Zielgruppen verschiedene nationale Plattformen. eBay-Nutzer aus Italien beispielsweise bevorzugen nicht die .de eBay-Website, sondern die .it. Dies liegt insbesondere an Sprachbarrieren, die eBay damit umgeht. Die international ausgerichtete Website, die mit .com endet, wird auch von Nutzern in Ländern besucht, in denen eBay keine eigene Webseite anbietet.

Die ausschließlich globale Geschäftsstrategie kann z.B. durch unterschiedliche Zahlungsmethoden in den einzelnen Ländern zu rechtlichen Problemen führen. Das Lastschriftverfahren wird in Deutschland noch immer gerne genutzt, in anderen Ländern ist es unbekannt. Eine nationale und somit sprachenorientierte Ausrichtung geht dafür mit einem größeren Aufwand zur Pflege und Entwicklung der IT-Plattformen einher - auch wenn die Browsersprache meist einfach ausgelesen und die Website somit in der jeweiligen Sprache gezeigt werden kann. Dies ist eine wichtige strategische Entscheidung eines jeden Plattform- bzw. Marktplatz-Betreibers.

Die übergeordnete Hauptaufgabe eines Marktplatzes ist es, Käufer für die Angebote zu finden. Denn nur, wenn auf dem Marktplatz verkauft wird, gibt es die gewünschte Win-Win-Win Situation zwischen Käufer, Händler und Betreiber. Um die Käufer zu finden und an die eigene Plattform zu binden, zeigt sich immer wieder, dass es neben den diversen Online-Marketing-Maßnahmen wie Affiliate-Marketing, eMail-Marketing, Suchmaschinenmarketing (SEM) und Suchmaschinenoptimierung (SEO) sowie klassischer Werbung (Print, Radio, TV) auch darauf ankommt, Vertrauen zum Käufer aufzubauen.

Hierbei geht es um Zuverlässigkeit, Nutzungsfreundlichkeit und Wettbewerbsfähigkeit.

Kapitel 2/3

ERLÖSQUELLEN EINES B2C ONLINE-MARKTPLATZES

Online-Marktplätze werden über eine Plattform betrieben, die einem „Plug-and-Play"-Geschäftsmodell entspricht, das Produzenten bzw. Händler und Konsumenten miteinander verbindet. Im Gegensatz zu früher zahlt man für das einfache Einstellen eines Angebots als Händler meistens nichts. Kostenpflichtig wird es nur dann, wenn Artikel etwa in der Suchergebnisliste hervorgehoben werden sollen. Die meisten Plattformen oder Online-Marktplätze berechnen dafür eine Gebühr. In diesem Fall unterscheiden sich B2C- und B2B-Plattformen kaum. B2C-Online-Marktplätze sehen diese Verkaufsgebühr jedoch als eine Haupteinnahmequelle. Darüber hinaus kann der Verkäufer je nach Marktplatz besondere Marketing- oder Servicefunktionen kostenpflichtig nutzen.

Als neue Einnahmequelle scheinen die großen Marktplätze den Service am Händler zu entdecken. Auf den Marktplätzen der Amazon- und eBay-Gruppe kann ein Online-Händler seit kurzem gegen eine Gebühr einen Account Manager buchen. Diese Gebühr wird berechnet, wenn aktiv nach einem Account Manager gefragt wird. Das Account

Management ist bislang nicht verpflichtend für gewerbetreibende Online-Händler.

Manche Plattformen fordern ihre Nutzer zudem auf, eine Zugangsgebühr / Listinggebühr für bestimmte Waren zu zahlen. Dies geschieht insbesondere dann, wenn bestimmte Marken gelistet werden sollen. In solchen Fällen sollten die Händler kalkulieren, ob sich diese Kosten hinsichtlich der erwarteten Verkaufszahlen lohnen.

Kapitel 2/4

PROZESSKETTE EINES B2C ONLINE-MARKTPLATZES

Dieser Branchenreport konzentriert sich auf das B2C-Geschäftsmodell, da es derzeit eine starke Dynamik und einen ausgeprägten Einfluss auf den Online- und Offline-Handel zeigt. In diesem Kapitel wird die Prozesskette eines B2C Online-Marktplatzes betrachtet, die über einen effizienten und reibungslosen Ablauf des Kerngeschäfts des Marktplatzes sowie über die Nutzung der Handelsplattform entscheidet.

Je automatisierter die Prozesskette zwischen Händler und Marktplatz von statten geht, desto weniger Fehler können passieren. Für einen professionellen Handel ist es wichtig, dass die Daten schnell, vollständig und korrekt bei allen Parteien der Kette ankommen.

Am Beispiel des Marktplatzbetreibers eBay lässt sich die Prozesskette wie folgt darstellen:

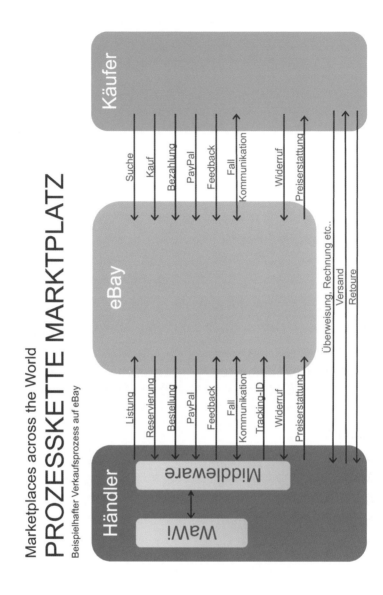

Abbildung 4: Die Prozesskette des Online-Marktplatzes eBay

Die Prozesskette beginnt mit dem **Listing**, d.h. dem Einstellen eines Artikels auf die entsprechende eBay-Website durch den Online-Händler. Wenn der Händler nicht direkt über die Plattform die Artikel hochlädt und einstellt, wird meistens eine Art Middleware genutzt, die die nötigen Daten aus der Warenwirtschaft (ERP) und diversen anderen Systemen (etwa PIM) direkt in das System des Marktplatzes über deren API einspielt.

Im optimalen Fall beginnt kurze Zeit später der Käufer mit der **Suche** nach dem gelisteten Artikel. Der Händler erhält eine **Reservierung**, wenn sich der Verbraucher für den **Kauf** entschieden hat. Die **Bestellung** des Artikels hat die **Bezahlung** durch den Käufer zur Folge. Die eBay-Gruppe bietet u.a. PayPal als Zahlungsmethode an, die von beiden Parteien genutzt wird.

Nach der Abwicklung der **Zahlung** besteht sowohl für den Händler als auch den Verbraucher die Möglichkeit, ein Händler- sowie Produkt-**Feedback** über die eBay-Plattform zu versenden. Darüber hinaus wird vom Händler eine Versand-**Tracking-ID** an eBay übermittelt. Unter bestimmten Umständen kann es zu einer gemeinschaftlichen **Fall-Kommunikation** kommen, in die sich eBay als Mittler einschalten kann. Die Überweisung, Rechnung und Sonstiges läuft unabhängig von eBay durch einen beidseitigen Prozess ab.

Der **Versand** wird durch den Händler an den Käufer durchgeführt, wohingegen eine **Retoure** durch den Käufer über die Plattform an den Händler gemeldet wird. Eine **Preiserstattung** wird vom Händler über eBay/PayPal an den Käufer transferiert. Der Händler erhält meist einen Teil der Gebühren oder alle Gebühren für die Transaktion vom Marktplatzbetreiber und / oder Bezahldienst zurück.

Dieser beispielhafte Prozess ist von Plattform zu Plattform unterschiedlich. Aber alle hier genannten Prozessschritten müssen auf jeder Plattform in irgendeiner Weise passieren.

Das Ziel jedes B2C Online-Marktplatzes sollte es sein, alle Akteure und Prozessketten sinnvoll miteinander zu verzahnen. Eine effiziente Abwicklung der Prozesskette erfordert heutzutage maßgeschneiderte und doch standardisierte Formen der Koordination von Unternehmensabläufen. Ein optimiertes Management der Prozesskette kann somit auch die Ressourcenproduktivität erhöhen.

Kapitel 2/5

ÜBERSCHNEIDUNG WERTSCHÖPFUNGSKETTE HÄNDLER ZU MARKTPLATZ

Grundsätzlich stellt eine Wertschöpfungskette die zusammenhängenden Unternehmensaktivitäten des betrieblichen Gütererstellungsprozesses dar. Fünf Primäraktivitäten beschreiben den Wertschöpfungsprozess: interne Logistik, Produktion, externe Logistik, Marketing & Verkauf sowie Service. Vier Unterstützungsaktivitäten ergänzen den Prozess: Unternehmens-Infrastruktur, Human Ressource Management, Technologie-Entwicklung und Beschaffung. Daraus abgeleitet haben wir eine Wertschöpfungskette für den Online-Handel erstellt.

Jedes Unternehmen kann sich durch die unterschiedliche Priorisierung einzelner Wertschöpfungsketten-Schritte im Wettbewerb differenzieren. Über die letzten Jahre konnte man feststellen, dass die Marktplatz-Betreiber immer mehr bestrebt sind, in die jeweiligen Prozessschritte des Online-Händlers einzugreifen bzw. diese zu übernehmen.

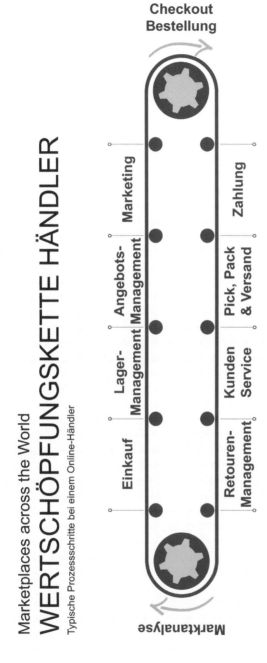

Abbildung 5: Die Wertschöpfungskette eines Onlinehändlers

Mit der **Marktanalyse** beginnt die Wertschöpfungskette eines Online-Händlers. Sie dient dem Verständnis des Marktes, in dem sich der Händler bewegt. Dazu gehört u.a. eine Angebots- und Nachfrage-Analyse auf Basis von Produkt und Preis sowie eine Kunden- und Kostenanalyse. Diese Marktanalyse unterscheidet sich dahingehend, dass als Kunden private Verbraucher betrachtet werden und keine gewerblichen Abnehmer wie im Falle der Nutzung eines B2B Online-Marktplatzes. Online-Händler können und sollten Online-Marktplätze hinsichtlich der Marktanalyse in Anspruch nehmen, weil sie so einfacher an die relevanten Informationen gelangen. Hier kommt es zu einer ersten Überschneidung mit der Wertschöpfungskette des Online-Händlers durch den Online-Marktplatz.

Im nächsten Schritt geht es um den **Einkauf** der zu verkaufenden Produkte. Neben den klassischen Einkaufsquellen Hersteller / Produzent und Großhändler / Distributor bieten auch B2B- und B2C-Online-Marktplätze die Möglichkeit des gezielten Einkaufs von Ware.

Das **Lager-Management** entscheidet, wo und wie die eingekaufte Ware gelagert wird. Heutzutage hat der Händler neben der Lagerung im eigenen Lager mehrere Möglichkeiten des Outsourcings. Entweder nutzt der Händler ein externes Lager, oder lässt durch den Hersteller bzw. Großhändler lagern und versenden (Drop-Shipping) oder nimmt den Service eines Online-Marktplatzes in Anspruch, wie etwa Fulfilment by Amazon (FBA). Diese strategische

Entscheidung des Händlers kann auch für einzelne Waren unterschiedlich ausfallen. Bei der Entscheidung spielen die Kosten und der Service eine wichtige Rolle.

Das **Angebots-Management** ist der Prozessschritt wo der Online-Händler entscheidet, wie und wo das Produkt angeboten wird. Im Wesentlichen werden der Preis pro Artikel und der Vertriebskanal festgelegt sowie entsprechende Abverkaufsstrategien hinterlegt.

Das **Marketing** der Produkte auf Online-Marktplätzen wird hauptsächlich durch den Marktplatz selber bestimmt bzw. ist in weiten Teilen eingeschränkt. Die Möglichkeiten des Händlers auf dem Marktplatz Marketing für das eigene Angebot zu machen, sind bei genauem Hinsehen aber doch vielfältig. Ziel des Marketings ist es fast ausschließlich, das Angebot bei den Suchergebnissen an die erste Stelle zu bringen. Dies erreicht man über den Preis, den Service sowie der Conversion des Angebots. Neuerdings kommt die Optimierung der Angebotsdarstellung dazu, indem man den Artikeltitel, Artikelmerkmale und weitere Parameter soweit optimiert, dass die Angebote besser gerankt sind, als andere (Amazon-SEO, eBay-SEO, TMall-SEO). Dies ist sehr stark vergleichbar mit Google-SEO, nur spezifisch auf den jeweiligen Marktplatz abgestimmt.

Die nächsten Schritte der Wertschöpfungskette **Checkout** / Bestellung und **Zahlung** des Produktes des Online-Händlers werden auf vielen Marktplätzen fast vollständig vom Online-Marktplatz durchführt. Im Gegensatz zum eigenen Online-Shop, wo der Händler entscheiden muss, welche Bezahlverfahren er dem Kunden anbietet, ist dies auf den Marktplätzen durch den Betreiber vorgegeben. Der Marktplatz übernimmt diesen Schritt der Wertschöpfungskette des Online-Händlers somit fast vollständig. Dieser Bereich kann einige Risiken beherbergen, denn die zum Verkaufsprozess notwendigen Daten müssen vollständig, sicher und schnell transferiert und verarbeitet werden.

Sobald der Zahlungsvorgang abgeschlossen ist, wird über den sogenannten **Pick-Pack-Versand** Prozess entschieden. Dieser wird durch die Wahl im Lager-Management bestimmt. Wenn man sich die Entwicklung des eCommerce anschaut und hierbei insbesondere die des Marktplatzgeschäftes, dann kann man sagen, dass dies heute einer der entscheidenden Prozesse ist. Gerade durch den Service, den Amazon am Markt umsetzt, sind die Käufer gewöhnt, dass die Ware schnell und in ordentlichem Zustand ankommt. Dieser Wertschöpfungsprozessschritt ist zusammen mit dem Lager-Management wettbewerbsentscheidend. Amazon bietet mit FBA diesen Service den Marktplatz-Händlern bewusst an, um sicherzugehen, dass die Ware schnell und ordentlich verpackt beim Käufer ankommt. Somit hat der Marktplatz diesen

Prozessschritt vollständig vom Händler übernommen.

Der **Kunden-Service** bezieht sich meist auf einige Bereiche der Wertschöpfungskette und sollte durch die meist große Wertschätzung durch den Kunden angeboten werden. Einfache und gängige Wege, auf denen der Verbraucher den Kontakt herstellen kann, sind der klassische telefonische Kunden-Service, aber auch per eMail oder über einen Chat Service. Dieser Prozessschritt wird auch immer häufiger durch die Online-Marktplätze als First Level Support übernommen, womit sich der Online-Händler nur noch um die Anfragen kümmern muss, die über einfache Kundenanfragen wie Beschaffenheit und Verfügbarkeit hinausgehen.

Zu guter Letzt ist das **Retouren-Management** ein wichtiger Schritt der Wertschöpfungskette. Dieser ist insbesondere für private Käufer eines B2C-Online-Marktplatzes relevant. Amazon bietet einen beinahe automatisierten Prozess über das Kunden-Konto an. Der Online-Händler wird nur noch über den Verlauf und eventuell durchzuführende Handlungen informiert. Der Marktplatz-Betreiber greift hier in den Prozess ein, weil er informiert sein muss, was zwischen Verkäufer und Käufer passiert, solange nicht alle 100% zufriedengestellt sind. Außerdem muss der Betreiber im Zweifel einer Unstimmigkeit zwischen Verkäufer und Käufer agieren und entscheiden können, was nur möglich ist, wenn die vollständige Kommunikation einsehbar ist.

Zusammenfassend bedeutet dies, dass die eigene Wertschöpfungskette eines Online-Händlers und der Einfluss darauf immer mehr reduziert werden, wenn er den Vertrieb der Produkte über Online-Marktplätze in Anspruch nimmt.

Kapitel 3

RANKING DER ONLINE-MARKTPLÄTZE

Ein aussagekräftiges Ranking benötigt eine Vielzahl von Daten, die anhand verschiedener Kriterien analysiert werden. Für diesen Branchenreport wurden rund 740 Online-Marktplätze kategorisiert und analysiert. Dazu gehören auch die Marktplätze der führenden Plattform-Betreiber Alibaba, Allegro, Amazon, eBay, Naspers und Schibsted.

Das folgende Ranking und die einhergehenden Analysen beziehen sich auf verschiedene Erhebungen und deren Verknüpfungen. Neben der Recherche der existierenden Marktplätze wurden zur Vergleichbarkeit über alle Domains Marketingdaten wie Visits und Pageviews aus mehreren Quellen herangezogen und neu berechnet. Diese Analysen wurden in diesem Branchenreport als **Nachfrage** definiert. Über einen eigenen Algorithmus wurde das Ranking der mehr als 740 gelisteten Marktplätze erstellt.

Die folgende Übersicht zeigt alle Länder mit mehr als 5 Marktplätzen:

Abbildung 6: Alle Länder mit mehr als 5 Online-Marktplätzen

Aufgrund der fehlenden Möglichkeit über alle Plattformen hinweg Daten wie Umsatz, Mitglieder oder Transaktionszahlen zu ermitteln, basieren die Analysen und das Ranking in diesem Report auf Basis der Nachfrage. Abgesehen davon, dass es nicht möglich ist über alle Plattformen individuelle Umsatz- oder Transaktionszahlen zu bekommen, wären diese Zahlen aber auch nicht aussagekräftig für eine vollständige Gegenüberstellung. Die Umsatzzahlen sind sehr von der Höhe des Warenkorbs abhängig, d.h. auf einer Plattform mit z.B. Elektronikprodukten wird der Umsatz aufgrund des höheren Artikelpreises höher sein als auf einer Plattform für Bekleidung, aber vielleicht ist auf dieser die Transaktionsanzahl höher. Die Analyse anhand der Nachfrage ist ein Indikator für die Beliebtheit des Marktplatzes und damit übergreifend anwendbar.

Dieses World Ranking von Online-Marktplätzen vergleicht über 700 Marktplätze weltweit, mit fast 600 B2C-Online-Marktplätzen.

Diese B2C-Marktplätze, 80% aller Marktplätze, machen 98% der Nachfrage über alle Marktplätze aus. Nach Anzahl der B2C-Marktplätze befinden sich fast zwei Drittel in Europa sowie knapp über 20% in Asien und nur knapp über 10% in Amerika, dem Ursprungsland der Online-Marktplätze. Blickt man aber auf die Nachfrage auf den Marktplätzen, so vereinen die amerikanischen fast 40% aller Besuche auf sich und Asien und Europa nur je ca. 30% mit leichter Mehrheit für Asien.

Über alle Marktplätze haben wir 261 **Betreiber** ermittelt. Im Verlauf dieses Branchenreports stellen wir die TOP8 Betreiber weltweit etwas genauer vor.

Bereits heute bündelt Amazon über alle Domains und alle Länder weltweit 30% der Nachfrage auf sich. Fast 2/3 der weltweiten Nachfrage landet auf Plattformen der drei größten Marktplatz-Betreiber.

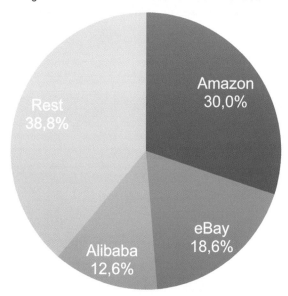

Abbildung 7: Nachfrageverteilung der TOP Betreiber

Die meisten Marktplätze werden aus den Ländern USA (152), Deutschland (129) und Frankreich (111) betrieben.

Bezogen auf das Kern-Betreibermodell sind die meisten Marktplätze neutrale Marktplätze, wo der Betreiber nicht gleich Händler auf dem Marktplatz ist. Aber weltweit wird ein Viertel aller Marktplätze durch den Händler betrieben, sprich der Betreiber ist auch gleichzeitig Wettbewerber auf der Plattform. Dieses Viertel an Marktplätzen bindet knapp über 40% der weltweiten Nachfrage auf sich.

Bezogen auf der Type von Marktplätzen vereinen Marktplätze mit dem Transaktion-Modell, sprich Direktkauf, 78% aller Nachfrage auf sich und 20% werden über Kleinanzeigenportale generiert.

Kapitel 3/1

TOP40 MARKTPLÄTZE WELTWEIT

Die globale Verteilung von Online-Marktplätzen zeigt eine klare Konzentration: Zwei Drittel aller Online-Marktplätze befinden sich in Europa. Unter den Top25 beliebtesten Marktplätze weltweit stammen lediglich fünf Marktplätze aus den USA und jeweils 10 Marktplätze aus Europa und China. Allerdings führen diese die Top5 des B2C-World-Marketplaces-Ranking mit ihren Domains amazon.com und ebay.com an, gefolgt von drei chinesischen Domains der Alibaba-Gruppe.

Das Ranking zeigt eine Marktdominanz dieser Unternehmen Amazon, eBay und Alibaba. In den Top25 Marktplätzen befinden sich alleine 15 Domains dieser drei Unternehmen. In den hier gelisteten TOP40 Marktplätzen weltweit werden fast 50% aller Domains durch diese drei Unternehmen betrieben. In einzelnen Ländern und Regionen kann man deutlich erkennen, wie sie ihre Dominanz weiter ausbauen wollen. So konnte z.B. Amazon in den Ländern Frankreich und Japan kurzfristig alle anderen Marktplätze hinter sich lassen. Auch in China zeigt sich, dass Amazon ein ernst zu nehmender Wettbewerber sein wird.

World Rank	+/- H1 2017	Domain		Betreiber
1		amazon.com	US	Amazon
2		ebay.com	US	eBay
3		taobao.com	CN	Alibaba
4		aliexpress.com	CN	Alibaba
5		tmall.com	CN	Alibaba
6		amazon.co.jp	JP	Amazon
7	- 2	craigslist.org	US	Craigslist
8	+1	amazon.de	DE	Amazon
9	-3	jd.com	CN	Jingdong
10	+2	amazon.co.uk	UK	Amazon
11	+ 1	ebay.co.uk	UK	eBay
12	- 1	rakuten.co.jp	JP	Rakuten
13	- 2	avito.ru	RU	Naspers
14		ebay.de	DE	eBay
15	- 1	amazon.in	IN	Amazon
16	+ 5	walmart.com	US	Walmart
17	- 2	allegro.pl	PL	Allegro
18	- 2	etsy.com	US	Etsy
19	+ 2	amazon.fr	FR	Amazon
20	- 3	leboncoin.fr	FR	Schibsted
21		amazon.it	IT	Amazon
22	- 2	flipkart.com	IN	Naspers
23	+ 5	alibaba.com	CN	Alibaba
24	- 4	ebay-kleinanzeigen.de	DE	eBay
25	- 1	sahibinden.com	TR	Aksoy
26	+ 4	market.yandex.ru	RU	Yandex
27	+ 2	amazon.es	ES	Amazon
28	+ 1	amazon.ca	CA	Amazon
29	- 7	olx.pl	PL	Naspers
30	+ 1	kakaku.com	JP	Kakaku
31	- 3	ebay.com.au	AU	eBay
32	+ 2	gearbest.com	ES	Zambitious
33		ebay.it	IT	eBay
34	- 1	olx.com.br	BR	Naspers
35	- 6	tokopedia.com	ID	Tokopedia
36	- 4	kijiji.ca	CA	eBay
37	+ 5	groupon.com	US	Groupon
38	- 1	mobile.de	DE	eBay
39	- 6	subito.it	IT	Schibsted
40	+ 1	wish.com	US	Wish

Tabelle 1: TOP40 Online-Marktplätze weltweit

Erwähnenswert ist auch, dass die Domains der Alibaba-Gruppe zwar im B2C World-Ranking unter den Top5 geführt werden, wenn man sich die Rankings anderer Regionen anschaut, dort aber nicht verzeichnet sind. Ein wesentlicher Grund dafür ist die globale Strategie des Unternehmens (siehe Kapitel Alibaba). Andererseits sind einzelne Marktplätze in den Top40 zu finden, die im weiteren Ranking keine starken Marktplätze mehr betreiben, wie z.B. die Allegro oder Rakuten. Diese sind unter den TOP25 nur vertreten, weil sie in ihrem Ursprungsland eine starke Position einnehmen.

Kapitel 3/2

TOP BETREIBER VON ONLINE-MARKTPLÄTZEN

Im Mai 2017 verzeichnen weltweit alle Marktplätze eine Nachfrage von über 14 Mrd. Visits. Drei Viertel aller Besuche auf Marktplätzen registrieren sieben große Online-Marktplatz-Betreiber. Angeführt wird die Liste mit großem Abstand von Amazon, die mit allen Plattformen doppelt so viele Besuche erreichen wie der drittplatzierte Alibaba. Knapp eine Milliarde Besuche weniger als der Führende haben die Plattformen von eBay zu verarbeiten. An vierter, fünfter und sechster Stelle folgen drei Schwergewichte im Kleinanzeigenmarkt. Das südafrikanische Unternehmen Naspers und die fast gleichstarken Amerikaner Craigslist, gefolgt vom norwegischen Medienhaus Schibsted. Die Drei zeigen deutlich, welche Erfolgsstory weiterhin das Kleinanzeigengeschäft sein kann. Danach kommt erst Rakuten, die einst antraten, Amazon und eBay zu überholen. An achter Stelle befindet sich Walmart als weltweit größter stationärer Händler, obwohl Walmart bisher nicht mit einer erfolgreichen Online-Strategie auf sich aufmerksam gemacht hat. Auf Platz neun folgt Jingdong, die Elektronik-Kaufhauskette aus China, sehr knapp vor Allegro, dem Marktplatz aus Polen.

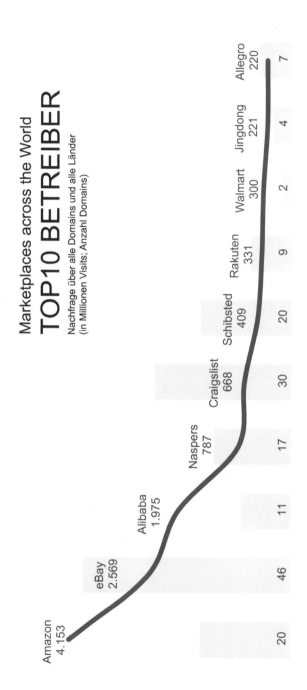

Marketplaces across the World
TOP10 BETREIBER
Nachfrage über alle Domains und alle Länder
(in Millionen Visits; Anzahl Domains)

Amazon	eBay	Alibaba	Naspers	Craigslist	Schibsted	Rakuten	Walmart	Jingdong	Allegro
4.153	2.569	1.975	787	668	409	331	300	221	220
20	46	11	17	30	20	9	2	4	7

Abbildung 8: TOP10 Marktplatz-Betreiber weltweit

AMAZON

Amazon.com, Inc. ist der marktführende Anbieter von Online-Marktplätzen weltweit. Das Unternehmen wurde 1994 von Jeff Bezos in Seattle, USA als Online-Marktplatz für Bücher und sonstige Literatur gegründet. Heute wird ein Vollsortiment angeboten und mehr als 30% aller weltweiten Online-Marktplatz-Besuche werden auf den 20 Amazon Plattformen registriert.

Die Amazon-Gruppe erwirtschaftete einen geschätzten Außen-Umsatz von $210 Mrd. in 2016. In Europa soll der Umsatzanteil zwischen Amazon als Händler und den Marktplatz-Händlern inzwischen hälftig je 50% betragen.

Die Amazon-Gruppe verfolgt eine aggressive Wachstumsstrategie und hat im Juli 2017 für $580 Mio. die größte arabische eCommerce-Plattform Souq.com übernommen, die rund 75.000 Online-Händler mit bis zu 2 Mio. Produkte aus 30 Kategorien aus dem Nahen Osten (Bahrain, Oman, Kuwait, Ägypten, etc.) als Kunden hat. In diesem Ranking wird souq.com noch alleine geführt und landete auf Rang 55 weltweit. Zuvor hatte Amazon sich dafür entschieden, mit dem Kauf des Unternehmens Whole Foods Market für $13.7 Mrd in den Lebensmittel-Markt einzusteigen.

Amazon	Domain	Land	World Rank
1	amazon.com	US	1
2	amazon.co.jp	JP	6
3	amazon.de	DE	8
4	amazon.co.uk	UK	10
5	amazon.in	IN	15
6	amazon.fr	FR	19
7	amazon.it	IT	21
8	amazon.es	ES	27
9	amazon.ca	CA	28
10	amazon.cn	CN	41
Neu	souq.com	AE	55
11	amazon.com.mx	MX	92
12	amazon.com.br	BR	119
13	amazon.com.au	AU	209
14	abebooks.co.uk	UK	251
15	iberlibro.com	ES	284
16	abebooks.fr	FR	340
17	amazon.nl	NL	371
18	abebooks.de	DE	376
19	abebooks.it	IT	393
20	junglee.com	IN	481

Tabelle 2: Alle Online-Marktplätze von Amazon

Im Ranking der Top25 weltweiten Online-Marktplätze befinden sich alleine acht Marktplätze der Amazon-Gruppe, was einem Drittel entspricht. Wie gut der Amazon-Marktplatz funktioniert zeigt sich an den Versionen in Frankreich und Japan. Im APAC-Ranking findet sich die Domain amazon.co.jp bereits auf Rang 4 hinter tmall.com, dem B2C-Marktplatz der Alibaba-Gruppe und vor rakuten.co.jp wieder. Das ist deshalb so erstaunlich, dass in Japan, dem Heimatland von Rakuten, diese bisher immer der absolute Marktführer waren und nun in kurzer Zeit von Amazon in der Nachfrage überholt wurden. Ähnliches passierte in Frankreich, welches ein ähnlich schwieriges Land für Neueinsteiger im eCommerce ist, wie die asiatischen Länder. In Frankreich hat Amazon den jahrelangen Marktführer priceminister.com (World Rank 98, gehört auch zu Rakuten) in weniger als drei Jahren nicht nur überholt, sondern den ersten Rang in Frankreich erobert (siehe Analyse Frankreich).

EBAY

eBay Inc. wurde 1995 von Pierre Omidyar in San Jose, USA gegründet und vertreibt als eine multinationale Plattform im B2C- und B2B-Bereich ein Vollsortiment in mittlerweile mehr als 30 Ländern. Der Außen-Umsatz der eBay Inc. lag 2016 bei $ 84 Mrd.

Inzwischen vermeldet eBay, dass mehr als 60% dieses Umsatzes über mobile Endgeräte erwirtschaftet werden.

Im World-Ranking nimmt ebay.com (US) Rang 2, ebay.co.uk (UK) Rang 11 und ebay.de (DE) Rang 14 ein. Aus China und Indien hat sich die eBay-Gruppe zurückgezogen, ist aber mit insgesamt 46 Domains weltweit der Betreiber mit den meisten Plattformen.

In den Top100 der weltweit beliebtesten Marktplätze befinden sich alleine 16 Marktplätze der eBay-Gruppe. eBay verfolgt weltweit die Strategie sowohl mit transaktionsbasierten Marktplätzen als auch gerade in sich entwickelnden Regionen mit Kleinanzeigenportalen präsent zu sein. Von dem ursprünglichen auktionsbasierten Verkaufsmodell hat sich eBay fast vollständig verabschiedet. Über alle eBay-Plattformen werden heute bereits über 80% aller Transaktionen über den Direktkauf (Buy-it-now) abgewickelt.

eBay	Domain	Land	World Rank	Type
1	ebay.com	US	2	T
2	ebay.co.uk	UK	11	T
3	ebay.de	DE	14	T
4	ebay-kleinanzeigen.de	DE	24	C
5	ebay.com.au	AU	31	T
6	ebay.it	IT	33	T
7	kijiji.ca	CA	36	C
8	mobile.de	DE	38	C
9	ebay.fr	FR	43	T
10	gumtree.com	UK	46	C
11	gittigidiyor.com	TK	49	T
12	gumtree.com.au	AU	53	C
13	ebay.in	IN	56	T
14	marktplaats.nl	NL	57	C
15	ebay.es	ES	65	T
16	gmarket.co.kr	KR	67	T
17	auction.co.kr	KR	100	A
18	gumtree.co.za	ZA	109	C
19	ebay.ie	IE	110	T
20	kijiji.it	IT	115	C
21	dba.dk	DK	138	T
22	2ememain.be	BE	141	C
23	gumtree.pl	PL	148	C
24	2dehands.be	BE	154	C
25	tradera.com	SE	159	T
26	ebay.at	AT	172	T
27	vivanuncios.com.mx	MX	174	C
28	ebay.be	BE	187	T
29	ebay.nl	NL	207	T
30	alamaula.com	AR	208	C

Tabelle 3a: Alle Online-Marktplätze von eBay

eBay	Domain	Land	World Rank	Type
31	ebay.pl	PL	211	T
32	ebay.ch	CH	238	T
33	bilbasen.dk	DK	247	T
34	ebay.ph	PH	254	T
35	ebay.com.sg	SG	255	T
36	ebay.com.my	MY	271	T
37	gumtree.sg	SG	274	C
38	stubhub.co.uk	UK	322	T
39	gumtree.ie	IE	335	C
40	ebay.co.jp	JP	358	T
41	ebay.vn	VN	374	T
42	stubhub.de	DE	495	T
43	ebayclassifieds.com	US	599	T
44	mobile.it	IT	660	C
45	mobile.fr	FR	677	C
46	alamaula.com.co	CO	712	C

Tabelle 3b: Alle Online-Marktplätze von eBay

ALIBABA

Die Alibaba Group ist ein chinesische eCommerce Unternehmen, das im Jahr 1999 von Jack Ma in Hangzhou, China gegründet wurde. Es konzentriert sich mit der Domain alibaba.com auf den B2B-Bereich und mit den übrigen zehn Domains auf den B2C- und C2C-Bereich. Alle Domains der Alibaba-Gruppe befinden sich in asiatischen Ländern. Nur die Plattform aliexpress.com ist dabei, sich weltweit aufzustellen.

Die Alibaba-Gruppe hat im Jahr 2016/17 einen Außen-Umsatz von $547 Mrd. (GMV) verzeichnet, was einem Umsatzwachstum von 22% zum Vorjahr entspricht. 80% des Umsatzes wurde über mobile Endgeräte getätigt.

Im Ranking der Top25 der weltweiten Online-Marktplätze führt die chinesische Domain taobao.com mit einem World Rank von 3. Gefolgt wird diese von aliexpress.com auf Rang 4 und der ebenfalls chinesischen Domain tmall.com auf Rang 5 des World Rank. Es fällt auf, dass die Alibaba-Gruppe bisher keine Domain außerhalb des asiatischen Raums betreibt. Auch die Alibaba-Gruppe strebt durch Zukäufe die Ausweitung der Präsenz an. So wurden von der Rocket Internet-Gruppe die Marktplätze Lazada übernommen.

Alibaba	Domain	Land	World Rank	B2X
1	taobao.com	China	3	B2C
2	aliexpress.com	China	4	B2C
3	tmall.com	China	5	B2C
4	alibaba.com	China	23	B2B
5	lazada.co.id	Indonesia	44	B2C
6	lazada.com.ph	Philippines	51	B2C
7	lazada.co.th	Thailand	54	B2C
8	lazada.com.my	Malaysia	60	B2C
9	lazada.vn	Vietnam	81	B2C
10	lazada.sg	Singapore	194	B2C

Tabelle 4: Alle Online-Marktplätze von Alibaba

Andererseits zeigt sich mit alibaba.com und aliexpress.com die Strategie der globalen Plattform. Alibaba.com als B2B-Marktplatz wird außer in China auch gerne in den USA, Russland und Türkei genutzt. Noch interessanter ist es bei aliexpress.com. Auf aliexpress.com verkaufen ausschließlich chinesische Händler. In China spielt aliexpress.com keine Rolle, aber in Russland ist die russische Version bereits der beliebteste Marktplatz.

Wenn man nur ru.aliexpress.com im Ranking betrachten würde, dann wären sie auf Rang 4 weltweit. Auch in anderen Ländern wie Brasilien, USA, Ukraine, Türkei und Polen spielt aliexpress.com eine entscheidende Rolle. Die Vermutung liegt nahe, dass Aliexpress gerne als Sourcing-Plattform von Händlern genutzt wird.

NASPERS

Naspers Limited ist eine multinationale Internet- und Medien-Gruppe, die 1915 von J.B.M. Hertzog in Kapstadt, Südafrika gegründet wurde. Heute ist es mit einem Umsatz von $ 6,1 Mrd. in 2016 das größte Medienunternehmen des afrikanischen Kontinents und bietet Produkte in 130 Ländern an. Über die Zeit hat die Naspers-Gruppe ihr Geschäftsmodell, das sich zu Beginn auf den traditionellen Vertrieb von Printmedien und Fernsehen konzentrierte, um den Bereich eCommerce erweitert.

Gemäß dem World-Ranking betreibt die Naspers-Gruppe derzeit 17 Marktplatz Domains weltweit. Sie sind in China, Deutschland, Frankreich und dem Vereinigten Königreich bisher nicht aktiv. Die Domains tragen alle individualisierte Namen, sodass der Plattform- oder Online-Marktplatz Betreiber Naspers nicht erkannt werden kann.

Mit den Plattformen Mail.ru, Avito, Flipkart und OLX besitzt Naspers einige der größten und wichtigsten eCommerce-Plattformen weltweit. Wenn man sich die Verteilung anschaut, könnte man behaupten, dass Naspers sich insbesondere in Ländern und Regionen etabliert, wo Amazon und eBay nicht aktiv sind.

Naspers	Domain	Land	Type	World Rank
1	avito.ru	RU	C	13
2	flipkart.com	IN	T	22
3	olx.pl	PL	C	29
4	olx.com.br	BR	C	34
5	olx.co.id	ID	C	63
6	olx.in	IN	C	64
7	hi-tech.mail.ru	RU	C	66
8	olx.ro	RO	C	69
9	olx.pt	PT	C	99
10	buscape.com.br	BR	T	104
11	olx.kz	KZ	C	112
12	olx.bg	BG	C	118
13	olx.ph	PH	C	122
14	dubizzle.com	AE	C	123
15	olx.com.co	CO	C	136
16	letgo.com	US	C	140
17	konga.com	NI	T	249

Tabelle 5: Alle Online-Marktplätze von Naspers

Einem Medienhaus entsprechend besitzt Naspers überwiegend Kleinanzeigenportale und wagt sich erst nach und nach an die Transaktion-Plattformen heran. Mit Flipkart besitzt Naspers ein Schwergewicht eines Transaktion-Marktplatzes in Indien. In 2017 konnte Flipkart einen Deal mit eBay erzielen. eBay hat die eigene Plattform in Indien aufgegeben und lässt nun Flipkart auf die Angebote von ebay.com zugreifen. Außerdem wurde eine große Kapitalerhöhung geschafft, um sich gegen Marktwettbewerber wie Amazon und Alibaba zu positionieren. Indien ist zwar aktuell noch kein besonders starkes eCommerce-Land, aber mit der

Bevölkerungsgröße ein wichtiger Zukunftsmarkt, den es jetzt zu verteilen gilt.

Die Naspers-Gruppe sollte man auf jeden Fall im Blick behalten. Neben den sehr interessanten Marktplätzen im Portfolio wurden in den letzten Jahren einige besondere eCommerce-Fachleute aus der europäischen eBay-Gruppe abgeworben. Hier wird sich zeigen, wie diese Kollegen die Naspers-Gruppe weiter zum Erfolg verhelfen werden.

CRAIGSLIST

Craigslist, Inc. ist eine amerikanische Kleinanzeigen-Plattform, die 1995 von Craig Newmark in San Franzisco, USA gegründet wurde. Sie führt Rubriken wie Arbeitsstellen, Wohnungen, Partnersuche und Dienstleistungen sowie Diskussionsforen. Die Plattform finanziert sich über Anzeigengebühren und gehört zu 75% Craig Newmark, dem Chefprogrammierer und seit 2000 dem Geschäftsführer Jim Buckmaster. Seit 2004 hält die eBay-Gruppe 25% der Unternehmensanteile.

Craigslist, Inc. hat im Jahr 2016 einen Gesamtumsatz von $ 0,7 Mrd. erwirtschaftet, mit einer Gewinnmarge von 80%. Dies macht die Craigslist-Gruppe zu der profitabelsten Plattform des Typs Kleinanzeigen (Classified) weltweit.

Aus dem World-Ranking wird deutlich, dass alle 30 Domains der Craigslist-Gruppe dem C2C- / B2C-Bereich und der Kategorie Kleinanzeigen angehören. Es sind weltweit verteilte Domains, die den Firmennamen tragen und sich nur durch das Länderkürzel unterscheiden. Es gibt derzeit nur eine Domain pro Land. Gemäß dem World-Ranking gehört Craigslist außerhalb der USA nicht zu den führenden Marktplätzen.

Craigslist	Domain	Land	World Rank
1	craigslist.org	US	7
2	craigslist.ca	CA	76
3	craigslist.co.uk	UK	199
4	craigslist.com.au	AU	239
5	craigslist.com.mx	MX	258
6	craigslist.jp	JP	272
7	craigslist.co.th	TH	297
8	craigslist.co.kr	KR	311
9	craigslist.de	DE	320
10	craigslist.com.ph	PH	324
11	craigslist.co.in	IN	349
12	craigslist.fr	FR	377
13	craigslist.com.sg	SG	382
14	craigslist.hk	HK	394
15	craigslist.com.cn	CN	398
16	craigslist.it	IT	426
17	craigslist.es	ES	433
18	craigslist.co.za	ZA	454
19	craigslist.com.tr	TR	463
20	craigslist.dk	DK	473
21	craigslist.ch	CH	478
22	craigslist.cz	CZ	479
23	craigslist.se	SE	496
24	craigslist.com.tw	TW	502
25	craigslist.pl	PL	509
26	craigslist.at	AT	523
27	craigslist.pt	PT	533
28	craigslist.gr	GR	542
29	craigslist.fi	FI	592
30	craigslist.co.nz	NZ	630

Tabelle 6: Alle Online-Marktplätze von Craigslist

SCHIBSTED

Die Schibsted-Gruppe ist ein Medienkonzern, der 1839 in Oslo, Norwegen gegründet wurde und in 2016 einen Gesamtumsatz von $ 2,0 Mrd. (NOK 15,9 Mrd.) erwirtschaftete.

Der Konzern ist in insgesamt 29 Ländern, vor allem in Norwegen und Schweden aktiv tätig und besitzt Produkte, Rechte und Formate im Bereich Zeitungen, Fernsehen, Film und Internet. Durch letztere Kategorie wird Schibsted zu einem relevanten Player im weltweiten eCommerce. Entsprechend dem Kerngeschäft Medien betreibt Schibsted ausschließlich Plattformen mit Kleinanzeigenangeboten, wie man es aus den Zeitungen her kennt.

Das Ranking zeigt 20 Domains der Schibsted-Gruppe, die sich u.a. durch unterschiedliche Namen und Länderkürzel auszeichnen. Es gibt derzeit keine Domain in Deutschland und dem Vereinigten Königreich, dafür aber in zahlreichen anderen EU Ländern. Hinsichtlich des World-Rankings fällt auf, dass sich die Schibsted-Gruppe im guten Mittelfeld aller Online-Marktplätze aufhält.

Die stärkste Plattform ist in Frankreich der dort zweitplatzierte Marktplatz Leboncoin, dichter Verfolger von amazon.fr bezogen auf Nachfrage. Fast alle Domains befinden sich im World-Ranking unter den TOP200.

Schibsted	Domain	Land	World Rank
1	leboncoin.fr	FR	20
2	subito.it	IT	39
3	milanuncios.com	ES	50
4	finn.no	NO	62
5	blocket.se	SE	82
6	willhaben.at	AT	91
7	jofogas.hu	HU	106
8	segundamano.mx	MX	113
9	avito.ma	MA	126
10	hasznaltauto.hu	HU	131
11	vibbo.com	ES	132
12	kufar.by	BY	135
13	kapaza.be	BE	153
14	tori.fi	FI	155
15	coches.net	ES	163
16	donedeal.ie	IE	164
17	custojusto.pt	PT	183
18	tutti.ch	CH	196
19	bytbil.com	SE	291
20	laguiaclasificados.com.co	CO	548

Tabelle 7: Alle Online-Marktplätze von Schibsted

RAKUTEN

Rakuten K.K. ist ein international tätiger Online-Marktplatz Betreiber und unter den zehn größten Internetunternehmen weltweit. Gegründet im Jahr 1997 in Tokio, Japan von Hiroshi Mikitani hat die Rakuten-Gruppe ihre heutige Marktposition und Stärke im eCommerce u.a. durch den Kauf von Buy.com, Priceminister und Play.com erlangt. Neben eCommerce betreibt Rakuten aber auch Services wie Viper.com. Der Gesamtumsatz lag bei $7,2 Mrd. im Jahr 2016.

Rakuten	Domain	Land	World Rank
1	rakuten.co.jp	JP	12
2	priceminister.com	FR	98
3	rakuten.com	US	128
4	rakuten.com.tw	TW	177
5	rakuten.de	DE	204
6	rakuten.co.uk	UK	384
7	rakuten.com.br	BR	415
8	rakuten.es	ES	494
9	rakuten.at	AT	698

Tabelle 8: Alle Online-Marktplätze von Rakuten

Die ehemalige Strategie, aktive Marktplätze in gewünschten Ländern zu kaufen, ist leider nicht aufgegangen. Inzwischen musste Rakuten feststellen, dass der Betrieb von jeweils unterschiedlichen technischen Plattformen in den Ländern einen hohen betrieblichen Aufwand erzeugt und nicht zu tragen ist. Außerdem ist es so nicht möglich die Händler in einem Land auch für die anderen Länder zu nutzen, weil jede Plattform eine unterschiedliche Schnittstelle und Logik hat. So ist es 2016 zu der Entscheidung gekommen, die noch im Ranking befindlichen Marktplätze in Österreich, Spanien und Vereinigtes Königreich zu schließen. In Europa werden nur noch priceminister.com in Frankreich und rakuten.de in Deutschland betrieben, beide auf unterschiedlichen technischen Plattformen. Eine zwischenzeitliche Entwicklung einer einheitlichen technischen Plattform im asiatischen Raum, die dann auf die europäischen Plattformen ausgerollt werden sollte, wurde wieder verworfen.

Durch den Einstieg als Trikotsponsor beim FC Barcelona vollzieht Rakuten in 2017 eine neue Markenstrategie und benennt alle Internetservices in Rakuten um. Inwiefern weitere Marktplätze dazukommen, ist aktuell noch offen. Aktuell werden von den neun Domains im World-Ranking drei wieder verschwinden, weil der Marktplatzbetrieb eingestellt wurde. In UK betreibt Rakuten unter der Domain ein Online-Marketing Service.

WALMART

Walmart ist das weltweit größte Einzelhandelsunternehmen, das 1962 von Sam Walton in Arkansas, USA gegründet wurde. Der Konzern gilt als der größte stationäre Händler der Welt und schaffte durch seine Bekanntheit Bedingungen, die einen Online-Handel erleichtern. In 2016 kaufte Walmart den Marktplatz jet.com, den damaligen Shootingstar am amerikanischen eCommerce-Himmel. Die Walmart-Gruppe stellte sich damit im Bereich eCommerce neu auf, nachdem eigene Versuche nicht die Relevanz gezeigt haben, den sich ein Riese wie Walmart vorstellt. Der Gesamtumsatz betrug $486 Mrd., in dem der eCommerce Umsatz bereits enthalten ist.

Die Gruppe betreibt derzeit zwei Domains in den USA und ist gemäß dem World-Ranking mit der Domain walmart.com auf Rang 11 anzufinden. Beide Domains sind im B2C-Bereich mit einem Vollsortiment tätig.

Walmart	Domain	Land	World Rank
1	walmart.com	United States	16
2	jet.com	United States	90

Tabelle 9: Alle Online-Marktplätze von Walmart

Kapitel 3/3

RANKING NACH REGIONEN

Das vorliegende Ranking bezieht sich auf die folgenden geographischen Regionen: APAC (Asia-Pacific), China (CN), USA (US), Europa (EU), Deutschland (DE), das Vereinigte Königreich (UK) und Frankreich (FR).

Es fokussiert sich auf die Domains bzw. Plattformen in diesen Regionen und zeigt welche von diesen gemäß World-Ranking eine marktführende Rolle einnehmen. Die stärksten Domains weisen die höchste Beliebtheit und Bekanntheit eines Marktplatzes auf, errechnet anhand von unterschiedlichen Traffic-Daten und eigenen Algorithmen. Dies definieren wir als Nachfrage und ist die Basis aller Auswertungen und Rankings in diesem Branchenreport.

Das B2C-Ranking enthält Domains aus 76 verschiedenen Ländern. Die Marktplätze aus US (35%), China (13%), Deutschland (7%), Vereinigtes Königreich (7%) und Japan (6%) vereinen die meiste Nachfrage auf sich. Das Land mit den meisten Marktplätzen ist Deutschland mit 71 Domains, gefolgt von Frankreich mit 41 und USA mit 38 Domains.

ASIA-PACIFIC (APAC)

Der eCommerce Markt in APAC und den zugehörigen Ländern zeigt einen dekomprimierten Wettbewerb, an dem Online-Marktplatz-Betreiber aus mehrheitlich asiatischen Ländern teilnehmen. Dieser Branchenreport hat zum Zeitpunkt der Erstellung 132 Domains in dieser Region betrachtet, die sich zu 84% auf den B2C-Bereich konzentrieren und zu 80% ein Vollsortiment auf ihren Plattformen und Online-Marktplätzen anbieten. Immerhin 31% aller Domains in der APAC-Region sind Kleinanzeigenportale, was deren Beliebtheit im asiatischen Raum deutlich macht. Weltweit nehmen die Domains der APAC-Region einen Anteil von 18% ein.

Der Anteil derer, die sich in der APAC-Region nur auf den B2C-Bereich konzentrieren, liegt bei 19%. Daraus lässt sich schließen, dass der Anteil aller Domains auf dem Weltmarkt mit ca. einem Fünftel eine einflussreiche Position einnimmt.

Hinsichtlich der führenden Unternehmen in der APAC-Region zeigt sich der chinesische B2B und B2C Online-Marktplatz Alibaba mit neun Domains und seiner Nachfrage über alle Domains als führender Marktplatz-Betreiber in APAC, gefolgt von der Amazon-Gruppe mit vier Domains in Japan, Indien (2x) und China und einer nicht halb so hohen Nachfrage. Rang 3 nimmt Rakuten ein mit zwei Domains in Japan und Taiwan.

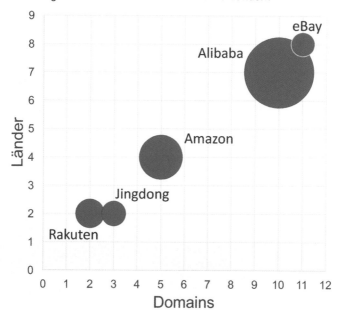

Marketplaces across the World

TOP5 BETREIBER
ASIA-PACIFIC (APAC)

Nachfrage über alle Domains in allen APAC Ländern

Abbildung 9: TOP5 Marktplatz-Betreiber in APAC

Die stärksten Domains gehören zur Alibaba-Gruppe und befinden sich in China. Dazu gehören taobao.com und aliexpress.com. Amazon bietet abgesehen von den spezifischen Länder Domains die Domain junglee.com, die ebenfalls dem Verkauf verschiedener Produkte dient.

Das Domain-Ranking der APAC Region zeigt die oben genannten Domains auf Rang 1 und 2 sowie tmall.com auf Rang 3. An vierter Stelle folgt amazon.co.jp und an fünfter Stelle jd.com von Jingdong, einem B2C-Marktplatz für den Verkauf von Elektronik. Jingdong ist eine große Elektronik Einzelhandelskette in China und etabliert sich immer mehr im eCommerce. Der große Vorteil von jd.com ist das Vertrauen der Chinesen, dass man dort keine Fälschungen kaufen wird. Alle der betrachteten Domains fokussieren sich auf Transaktionen, nur eBay betreibt mit Gumtree.com.au in Australien eine Plattform, die dem Typ Kleinanzeigen zu geordnet werden kann.

Die Alibaba-Gruppe zeigt anhand der Anzahl Besuche, die 46% unter den Top25 einnimmt, ihre marktführende Position. Amazon nimmt mit 18% zwar den zweiten Rang ein, spielt jedoch ebenso wenig wie Rakuten mit 8% auf Rang 3 eine marktführende Rolle in dieser Region. Auch hinsichtlich der Anzahl Domains in dieser Region ist Alibaba zusammen mit eBay führend. 16 der übrigen Marktplatz-Unternehmen betreiben nur eine Domain in dem Land ihres Unternehmenssitzes.

Unter den TOP25 Online-Marktplätzen in der APAC-Region bieten die TOP5 Marktplätze 50%, d.h. 31 Domains an. Grundsätzlich fällt auf, dass 95%, d.h. 61 der zum Zeitpunkt der Erhebung der Daten existierenden Domains zu der Kategorie Vollsortiment (Full Range) gehören. Lediglich der chinesische B2C Marktplatz Betreiber Jingdong konzentriert sich über die Haupt-Domain jp.com auf Elektrogüter. Die indischen B2C Marktplatz Betreiber Myntra und Jabong fokussieren sich ausschließlich auf Kleidung über ihre Domain.

Im Bereich eCommerce und gerade bei den Online-Marktplätzen ist viel Bewegung und Wachstum. Wenn man sich die Nachfrage-Entwicklung der Top100 Online-Marktplätze des ersten Halbjahres 2017 anschaut, kommen 9 von 10 Aufsteigern aus der APAC-Region. Besonders der Marktplatz suning.com des chinesischen Warenkaufhaus-Anbieters Suning hat über 20 Plätze gut gemacht (jetzt World Rank 78). Ganze fünfzehn Plätzen nach oben ging es für das Kleinanzeigenportal 58.com und damit unter den TOP50 des World Rankings gelandet. Die ehemalige Rocket Internet Plattform Lazada aus Malaysia, jetzt in Alibaba Händen, machte im ersten Halbjahr 2017 dreizehn Plätze gut (World Rank 60).

Abbildung 10: TOP Performer Marktplätze

APAC	World Rank	Domain		Betreiber	
1	3	taobao.com	CN	Alibaba	CN
2	4	aliexpress.com	CN	Alibaba	CN
3	5	tmall.com	CN	Alibaba	CN
4	6	amazon.co.jp	JP	Amazon	US
5	12	jd.com	CN	Jingdong	CN
6	13	rakuten.co.jp	JP	Rakuten	JP
7	16	amazon.in	IN	Amazon	US
8	18	alibaba.com	CN	Alibaba	CN
9	24	flipkart.com	IN	Naspers	SA
10	29	kakaku.com	JP	Kakaku	JP
11	34	ebay.com.au	AU	eBay	US
12	38	snapdeal.com	IN	Snapdeal	IN
13	41	tokopedia.com	ID	Tokopedia	ID
14	42	amazon.cn	CN	Amazon	US
15	43	paytm.com	IN	Paytm	IN
16	50	lazada.co.id	ID	Alibaba	CN
17	54	lazada.com.ph	PH	Alibaba	CN
18	59	lazada.co.th	TH	Alibaba	CN
19	62	58.com	CN	58.com	CN
20	63	ebay.in	IN	eBay	US
21	65	gumtree.com.au	AU	eBay	US
22	71	olx.in	IN	Naspers	SA
23	73	lazada.com.my	MY	Alibaba	CN
24	75	olx.co.id	ID	Naspers	SA
25	77	gmarket.co.kr	KR	eBay	US

Tabelle 10: TOP25 Online-Marktplätze in Asia-Pacific (APAC)

CHINA (CN)

Der chinesische eCommerce Markt ist ein Marktplatz-Markt und wird von nur 13 Online-Marktplätzen gesteuert. Es gibt derzeit 12 B2C-Domains in China, die einen Anteil von 2,1% am gesamten B2C-Bereich in der APAC-Region einnehmen.

Aktuell sollen 80% aller eCommerce Umsätze über Online-Marktplätze abgewickelt werden. Dazu gehört in erster Linie die Alibaba-Gruppe, die mit vier Domains die Nachfrage am Stärksten befriedigen kann. Jingdong folgt mit einem Marktanteil von 28% und lässt die Kleinanzeigen-Plattform 58.com mit einem Anteil von 2% weit hinter sich. Die Amazon-Gruppe platziert sich auf Rang 4, kann jedoch bisher keinen nennenswerten Marktanteil nachweisen.

Die Top5 der chinesischen Online-Marktplätze werden von Alibaba-Plattformen namens taobao.com, aliexpress.com und tmall.com angeführt und alibaba.com auf Rang 5 abgeschlossen. Die Jingdong-Domain jd.com auf Rang 4 unterbricht die Reihenfolge der Alibaba-Domains. Abgesehen von Jingdong bieten alle 18 Domains ein Vollsortiment an und sind zu 67% im B2C-Bereich tätig.

Die vergleichsweise geringe Präsenz von ausländischen Unternehmen im chinesischen eCommerce zeigt wie schwierig es ist, dort als eCommerce-Plattform Fuß zu fassen. Die eBay-Gruppe hat in der Vergangenheit mehrfach versucht

Marktanteile zu gewinnen, was die Alibaba-Gruppe unterbinden konnte. Inzwischen hat sich eBay vollständig aus dem chinesischen Markt herausgezogen. Amazon ist seit kurzem mit einer eigene Präsenz in China aktiv, benutzt diese aber hauptsächlich dazu, dass chinesische Händler auf Amazon aktiv werden, um dann über die anderen Domains der Amazon-Gruppe zu verkaufen.

Marketplaces across the World

TOP5 BETREIBER
CHINA

Nachfrage über alle Domains (Anzahl Domains)

- DHgate
- Amazon
- 58.com
- Jingdong (2)
- Alibaba (4)

Abbildung 11: TOP5 Marktplatz-Betreiber in China

CN	World Rank	Domain	Betreiber	
1	3	taobao.com	Alibaba	CN
2	4	aliexpress.com	Alibaba	CN
3	5	tmall.com	Alibaba	CN
4	9	jd.com	Jingdong	CN
5	23	alibaba.com	Alibaba	CN
6	41	amazon.cn	Amazon	US
7	47	58.com	58.com	CN
8	70	dhgate.com	DHgate	CN
9	78	suning.com	Suning	CN
10	127	made-in-china.com	Focus	CN
11	134	ganji.com	Ganji	CN
12	252	hktdc.com	Hktdc	CN
13	344	newegg.cn	Newegg	US
14	365	joybuy.com	Jingdong	CN
15	383	newegg.com.tw	Newegg	US
16	398	craigslist.com.cn	Craigslist	US
17	732	winliner.com	Winliner	CN
18	736	yeatrade.cn	Yeatrade	CL

Tabelle 11: TOP Online-Marktplätze in China (CN)

VEREINIGTE STAATEN VON AMERIKA (US)

Der eCommerce-Markt in den USA nimmt mit 44 Domains einen Anteil von 5,9% weltweit ein und mit 38 Domains des B2C-Bereichs 6,5% im Verhältnis zu den B2C-Domains weltweit. Die Amazon-Gruppe nimmt mit ihrer Plattform amazon.com beinahe die Hälfte der Nachfrage in den USA ein. Dieser Anteil verändert sich kaum, wenn man die TOP25 Domains anschaut. Die eBay-Gruppe liegt auf Rang 2 und zeigt mit 23,2% im Verhältnis zu allen Domains in den USA fast den gleichen Anteil unter den TOP25. Daraus lässt sich schließen, dass diese beiden die mit Abstand stärksten Domain-Betreiber in den USA sind. Sie liegen deutlich vor Craigslist, der 13% der Besuche registriert. Sie konzentrieren sich ebenso wie Craigslist auf den B2C-Bereich. Lediglich 8% der Unternehmen fokussieren sich auf den B2B-Bereich. Walmart nimmt den vierten Rang ein und ist der einzige Online-Marktplatz unter den Top25 mit zwei Domains: walmart.com und jet.com. Abgesehen von dem auf Rang 5 liegenden Marktplatz Etsy, der zu der Kategorie Handmade gehört, arbeiten die vier höher platzierten Unternehmen mit einem Vollsortiment an Neuwaren im transaktionsbasierten Geschäft. Die Geschäftsstrategie von Amazon, eBay, Walmart und Etsy kann darüber hinaus über den Typ Transaction klassifiziert werden, wobei Craigslist eine Kleinanzeigen-Plattform ist und somit dem Typ Classified zugeordnet wird.

Marketplaces across the World

TOP5 BETREIBER
VEREINIGTE STAATEN

Nachfrage über alle Domains (Anzahl Domains)

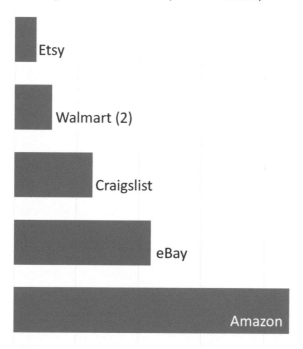

Abbildung 12: TOP5 Marktplatz-Betreiber in USA

US	World Rank	Domain	Betreiber	
1	1	amazon.com	Amazon	US
2	2	ebay.com	eBay	US
3	7	craigslist.org	Craigslist	US
4	16	walmart.com	Walmart	US
5	18	etsy.com	Etsy	US
6	37	groupon.com	Groupon	US
7	40	wish.com	Wish	US
8	45	newegg.com	Newegg	US
9	68	overstock.com	Overstock	US
10	74	sears.com	Sears	US
11	90	jet.com	Walmart	US
12	128	rakuten.com	Rakuten	JP
13	133	offerup.com	Offerup	US
14	140	letgo.com	Naspers	SA
15	143	ioffer.com	iOffer	US
16	161	miniinthe box.com	MiniIn TheBox	US
17	171	bonanza.com	Bonanza	US
18	192	storenvy.com	Storenvy	US
19	214	tophatter.com	Tophatter	US
20	216	tradesy.com	Tradesy	US
21	244	depop.com	Depop	UK
22	264	ecrater.com	eCrater	US
23	269	opensky.com	Opensky	US
24	270	swap.com	Swap	US
25	276	thomasnet.com	Thomas Publishing	US

Tabelle 12: TOP25 Online-Marktplätze in den USA

EUROPA (EU)

Die Europäische Union zählt derzeit 400 Domains in den entsprechenden Mitgliedsstaaten und nimmt mit 54% mehr als die Hälfte weltweit ein. Die B2C-Domains nehmen einen Anteil von 81% an allen Domains in der EU ein und 55% an allen B2C-Domains weltweit. Da nur 58% der Plattformen ein Vollsortiment anbieten, scheint der Online-Handelsmarkt innerhalb der EU offen für spezialisierte Kategorien zu sein, um die entsprechende Nachfrage zu bedienen.

Darüber hinaus wird der europäische eCommerce-Markt gemessen an der Nachfrage von fünf Unternehmen dominiert. Die Amazon-Gruppe gewinnt mit 30% fast ein Drittel der Nachfrage unter allen B2C-Marktplätzen und liegt damit auf Rang 1, knapp gefolgt von der eBay-Gruppe mit 29% durch insgesamt 27 Domains. Amazon betreibt in sechs EU Ländern eine landesspezifische Version, wohingegen eBay in 13 verschiedenen Ländern online ist.

Es kann angenommen werden, dass die übrigen Länder auf eine dieser Domains zugreifen oder gar die .com Domain nutzen. Auf diese Weise lässt sich auch erklären, wieso nur in 20 der 28 EU-Mitgliedsstaaten Online-Marktplätze betrieben werden.

Marketplaces across the World
TOP5 BETREIBER
EUROPA

Nachfrage über alle Domains in allen EU Ländern

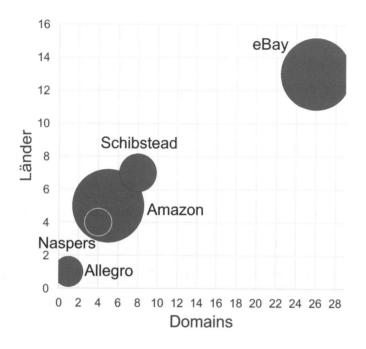

Abbildung 13: TOP5 Marktplatz-Betreiber in Europa

EU	World Rank	Domain		Unternehmen	
1	8	amazon.de	DE	Amazon	US
2	10	amazon.co.uk	UK	Amazon	US
3	11	ebay.co.uk	UK	eBay	US
4	14	ebay.de	DE	eBay	US
5	17	allegro.pl	PL	Allegro	PL
6	19	amazon.fr	FR	Amazon	US
7	20	leboncoin.fr	FR	Schibsted	NO
8	21	amazon.it	IT	Amazon	US
9	24	ebay-kleinanzeigen.de	DE	eBay	US
10	25	sahibinden.com	TR	Aksoy	TR
11	27	amazon.es	ES	Amazon	US
12	29	olx.pl	PL	Naspers	SA
13	32	gearbest.com	ES	Zambitious	ES
14	33	ebay.it	IT	eBay	US
15	38	mobile.de	DE	eBay	US
16	39	subito.it	IT	Schibsted	NO
17	42	cdiscount.com	FR	Cnova	FR
18	43	ebay.fr	FR	eBay	US
19	46	gumtree.com	UK	eBay	US
20	49	gittigidiyor.com	TR	eBay	US
21	50	milanuncios.com	ES	Schibsted	SE
22	57	marktplaats.nl	NL	eBay	US
23	58	otto.de	DE	Otto	DE
24	61	argos.co.uk	UK	Argos	UK
25	62	finn.no	NO	Schibsted	NO

Tabelle 13: TOP25 Online-Marktplätze in Europa (EU)

Die sechsplatzierte Plattform allegro.pl ist zwar in Polen klarer Marktführer im eCommerce, aber auch nur in Polen vertreten. Damit ist das Allegro Unternehmen, gerade vom bisherigen Besitzer Naspers an einen Finanzfonds verkauft, der viertgrößte Player im europäischen Markt.

Allegro.pl hat, wie viele ältere eCommerce Plattformen, damit zu kämpfen, bei den Entwicklungen im eCommerce mitzuhalten. Am Beispiel Allegro kann man die Herausforderungen gut erkennen. Die Plattform ist nahezu eine Kopie vom alten eBay, erbaut in der Landessprache polnisch vom Frontend bis zum Backend.

D.h. für ausländische Händler, die über allegro.pl verkaufen wollen, muss die polnische Sprache nicht nur beim Support beherrschen, sondern auch bei den Produktmanagern, die die Produkte einpflegen und sogar bei den Technikern, um eine Verbindung mit der Plattform herstellen zu können. Durch die alte Technologie ist es extrem schwer neue Funktionalitäten einzubauen, ohne den riesigen laufenden Betrieb zu stören.

Kurzzeitig gab es eine Internationalisierungsstrategie mit der Eröffnung einer Deutschen Version allegro.de. Diese wurde im August 2017 wieder geschlossen.

Im Folgenden werden die drei stärksten eCommerce-Länder der EU näher betrachtet.

DEUTSCHLAND (DE)

Der deutsche eCommerce-Markt zeichnet sich mit 90 Domains und einem Anteil von 23% am EU- und 12% am weltweiten Markt aus. Der weltweite Anteil zeigt, wie stark die eCommerce-Branche und der zugehörigen Online-Marktplätze weltweit positioniert sein können. Dies lässt sich u.a. durch einen internationalen Wettbewerb erklären, der durch die Präsenz von Unternehmen mit Hauptsitzen in unterschiedlichen Ländern angetrieben wird. Dazu gehören auch die Amazon-Gruppe und eBay-Gruppe, die Rang 1 und 2 des Rankings der TOP40 einnehmen. Für beide Betreiber registrieren wir einen Anteil von 42% mit minimalem Vorsprung für Amazon. Amazon schafft dies mit zwei Plattformen (amazon.de und abebooks.de) wohingegen eBay es mit vier Plattformen bewältigt (ebay.de, ebay-kleinanzeigen.de, mobile.de und stubhub.de). Von den 90 Domains konzentrieren sich mehr als dreiviertel auf den B2C-Bereich.

In Deutschland sind mit Abstand die meisten Marktplätze in einem Land aktiv, sowohl bei B2C als auch bei B2B. Mit 71 Domains im B2C-Umfeld und weiteren 17 B2B-Marktplätzen hat Deutschland 36 Marktplätze mehr als das zweitplatzierte Land Frankreich mit 52 Domains (B2C=41; B2B=11).

Obwohl neben Amazon und eBay zahlreiche weitere Plattformen und Online-Marktplätze in Deutschland existieren, sieht man auch hier ausgeprägte oligopolistische Verhältnisse. Springer und Otto verbuchen als nächstgrößere Betreiber auf Rang 3 und 4 lediglich einen Marktplatz Nachfrage-Marktanteile von 3%.

Grundsätzlich lässt sich festhalten, dass der deutsche eCommerce-Markt mit 84% ein B2C-orientierter Markt ist, wobei unter diesen immerhin ein Viertel Marktplätze im Kleinanzeigenformat vertreten sind. Dies lässt darauf schließen, dass der Kleinanzeigenhandel nach wie vor attraktiv für viele Verbraucher ist.

Die führenden Domains werden von der Amazon-Gruppe und eBay-Gruppe betrieben. Dazu gehören amazon.de, ebay.de, ebay-kleinanzeigen.de und mobile.de (eBay), die sich anders als die anderen führenden Domains nicht auf ein Vollsortiment konzentriert, sondern auf Automotive. Die Domain otto.de zeigt sich auf Rang 5 des Deutschland-Rankings.

Wenn man sich die Entwicklung der Top100-Marktplätze des ersten Halbjahres 2017 anschaut, fällt auf, dass zwei deutsche Marktplätze zehn Plätze gut machen konnten. Neben mobile.de von eBay ist es idealo.de von Springer. Vermutlich kommt der Zugewinn bei idealo.de durch die mediale Einführung der neuen Funktion Direktkauf zustande. Seit 2017 können Händler die Angebote entweder als

Trafficbringer für den eigenen Webshop bei idealo listen oder direkt über idealo verkaufen lassen.

Marketplaces across the World

TOP5 BETREIBER
DEUTSCHLAND

Nachfrage über alle Domains (Anzahl Domains)

Autoscout24

Otto

Springer

eBay (4)

Amazon (2)

Abbildung 14: TOP5 Marktplatz-Betreiber in Deutschland

DE	World Rank	Domain	Betreiber	
1	8	amazon.de	Amazon	US
2	14	ebay.de	eBay	US
3	24	ebay-kleinanzeigen.de	eBay	US
4	38	mobile.de	eBay	US
5	58	otto.de	Otto	DE
6	75	idealo.de	Springer	DE
7	89	autoscout24.de	Autoscout24	DE
8	97	zalando.de	Kinnevik	SE
9	114	check24.de	Check24	DE
10	147	dawanda.com	DaWanda	DE
11	157	markt.de	Markt	DE
12	168	real.de	Metro	DE
13	186	groupon.de	Groupon	US
14	204	rakuten.de	Rakuten	JP
15	227	egun.de	eGun	DE
16	231	home24.de	Rocket Internet	DE
17	276	hood.de	Hood	DE
18	292	plus.de	Tengelmann	DE
19	299	euronics.de	Euronics	DE
20	301	mirapodo.de	MyToys	DE
21	304	wlw.de	Wer liefert was	DE
22	306	allyouneed.com	DHL	DE
23	319	craigslist.de	Craigslist	US
24	322	mercateo.com	Mercateo	DE
25	330	catawiki.de	Catawiki	NL

Tabelle 14: TOP25 Online-Marktplätze in Deutschland (DE)

VEREINIGTES KÖNIGREICH (UK)

Der eCommerce-Markt im Vereinigten Königreich (UK) besteht aus 35 Domains, die innerhalb der EU einen Anteil von 9% einnehmen und weltweit knapp 5%. Es gibt insgesamt 33 B2C-Domains, die im Verhältnis zu den 324 B2C-Domains innerhalb der EU einen Anteil von 10% einnehmen und ca. 6% weltweit.

Die eBay-Gruppe und Amazon-Gruppe gehören auch im UK zu den marktführenden Online-Marktplätzen. Der Unterschied zu anderen Ländern ist aber, dass die Marktplätze mit amazon.co.uk und ebay.co.uk zusammen 80% des Marktanteiles einnehmen. Beide liegen Kopf-an-Kopf mit 40% für amazon.co.uk und ebay.co.uk mit 39% der Nachfrage. Obwohl es zahlreiche weitere Plattformen und Online-Marktplätze gibt, bestimmen diese beiden den B2C-Markt auf der Insel.

Zudem fällt auf, dass unterschiedliche Kategorien den Markt abwechslungsreich machen. Das Angebot des Vollsortiments wird durch die Kategorien Medien, Kleidung, Automotive, Haus&Garten sowie Elektrogeräte erweitert, d.h. in England sind auch Spezialisten-Marktplätze von Interesse. In anderen Ländern fehlt diese Art der Variation bei Marktplätzen.

Marketplaces across the World
TOP5 BETREIBER
VEREINIGTES KÖNIGREICH
Nachfrage über alle Domains (Anzahl Domains)

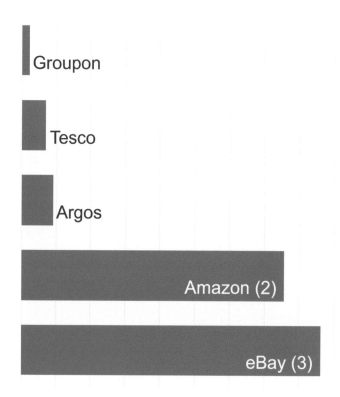

Abbildung 15: TOP5 Marktplatz-Betreiber in UK

UK	World Rank	Domain	Unternehmen	
1	10	amazon.co.uk	Amazon	US
2	11	ebay.co.uk	eBay	US
3	46	gumtree.com	eBay	US
4	61	argos.co.uk	Argos	UK
5	73	tesco.com	Tesco	UK
6	145	groupon.co.uk	Groupon	US
7	146	marketplace. asos.com	Asos	UK
8	176	vivastreet.co.uk	Vivastreet	FR
9	197	halfords.com	Halfords	UK
10	199	craigslist.co.uk	Craigslist	US
11	201	game.co.uk	Game Retail	UK
12	219	notonthe highstreet.com	Notonthe highstreet	UK
13	251	abebooks.co.uk	Amazon	US
14	273	catawiki.com	Catawiki	NL
15	312	artfinder.com	Artfinder	UK
16	322	stubhub.co.uk	eBay	US
17	325	secretsales.com	Secret Sales	UK
18	379	ebid.net	eBid	UK
19	384	rakuten.co.uk	Rakuten	JP
20	391	manomano.co.uk	Colibri	FR
21	399	vinted.co.uk	Vinted	UK
22	400	flubit.com	Flubit	UK
23	419	mascus.co.uk	Mascus	NL
24	435	fruugo.co.uk	Fruugo	UK
25	441	chrono24.co.uk	Chrono24	DE

Tabelle 15: TOP25 Online-Marktplätze in Vereinigtes Königreich (UK)

FRANKREICH (FR)

Auf dem französischen eCommerce-Markt existieren derzeit 52 Domains, von denen 41 (79%) B2C bezogen sind. Die französischen B2C- und B2B-Domains nehmen damit einen Anteil von 13% in der EU und 7% weltweit ein.

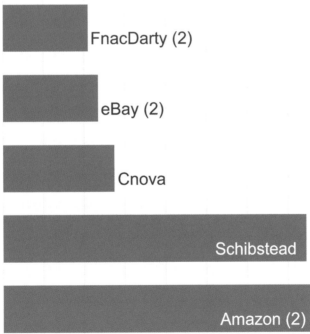

Marketplaces across the World
TOP5 BETREIBER FRANKREICH
Nachfrage über alle Domains (Anzahl Domains)

FnacDarty (2)

eBay (2)

Cnova

Schibstead

Amazon (2)

Abbildung 16: TOP5 Marktplatz-Betreiber in Frankreich

Inzwischen führt die Amazon-Gruppe mit amazon.fr auch hier die Liste der Online-Marktplätze an, eng gefolgt von leboncoin.fr, die Domain des norwegischen Kleinanzeigen-Riesen Schibsted. Beide Plattformen haben 29% der Anteile des Landes. Die Domain cdiscount.com des französischen Online-Marktplatzes Cnova und ebay.fr befinden sich auf den Plätzen 3 und 4 und liegen vor priceminister.com, dem früher größten Marktplatz in Frankreich. Der von Rakuten betriebene Marktplatz verliert damit weiter an Relevanz.

Ein besonderes Interesse sollte man auf darty.com von FnacDarty werfen. Durch den Zusammenschluss mit Fnac (2016) erfährt Darty eine weitere Aufwertung durch eine Minderheitsbeteiligung durch Media-Saturn in 2017. Darty, als französische Elektronik-Fachmarktkette, hat die Marktplatz-strategie, dass durch die Erweiterung des Onlinekanals durch Dritthändler darty.com ein beliebter Anlaufpunkt für Onlineshopper bleibt, aber gleichzeitig die eigene stationäre Marke wieder gestärkt wird.

Die Top25 Betreiber der Online-Marktplätze konzentrieren sich dabei ausschließlich auf den B2C-Bereich. Von diesen werden ebenso wie in Deutschland einige, nämlich 28% aus dem Ausland gesteuert. Dazu gehören nicht nur Amazon, eBay und Schibsted, sondern auch Rakuten aus Japan und alittleMarket aus Italien.

FR	World Rank	Domain	Unternehmen	
1	19	amazon.fr	Amazon	US
2	20	leboncoin.fr	Schibsted	NO
3	42	cdiscount.com	Cnova	FR
4	43	ebay.fr	eBay	US
5	79	fnac.com	FnacDarty	FR
6	98	priceminister.com	Rakuten	JP
7	116	darty.com	FnacDarty	FR
8	117	laredoute.fr	La Redoute	FR
9	142	rueducommerce.fr	Carrefour	FR
10	151	vivastreet.com	Vivastreet	FR
11	166	groupon.fr	Groupon	US
12	179	auchan.fr	Auchan	FR
13	185	conforama.fr	Conforama	FR
14	190	manomano.fr	Colibri	FR
15	223	delcampe.net	Delcampe	FR
16	226	topachat.com	Topa Chat	FR
17	231	3suisses.fr	3suisses	FR
18	237	alittlemarket.com	alittleMarket	IT
19	241	galeries lafayette.com	Galerie Lafayette	FR
20	257	autoscout24.fr	Autoscout24	DE
21	266	videdressing.com	Vide Dressing	FR
22	298	natureet decouvertes.com	Nature & Découvertes	FR
23	314	monshow room.com	Monshow room	FR
24	338	vidaxl.fr	Vida XL	FR
25	340	abebooks.fr	Amazon	US

Tabelle 16: TOP25 Online-Marktplätze in Frankreich (FR)

Kapitel 4

BEDEUTUNG VON ONLINE-MARKTPLÄTZEN FÜR DIE WIRTSCHAFT

Plattformen und Online-Marktplätze haben sich in den letzten Jahren als ein Hebel für zusätzliche wirtschaftliche Aktivität herausgestellt. Sie nehmen eine besondere Rolle in der globalen, nationalen und regionalen Wirtschaft und deren Entwicklung ein. Sie verbinden Händler und Dienstleister mit Kunden und ermöglichen neue Geschäftsbeziehungen, die über den vorherigen stationären Handel nur schwer vorstellbar waren.

Der Online-Handel über Marktplätze ist entscheidend für den Erfolg der eCommerce-Branche. Aktuelle Daten vom Verband bevh zeigen für Deutschland, dass bereits 50% der Onlinehandelsumsätze über Marktplätze erzielt werden. Gerade kleine und mittelständige Unternehmen (KMU) nutzen Online-Marktplätze als Vertriebsweg. Sie begründen es damit, dass Online-Marktplätze den Einstieg in das Online-Geschäft erleichtern und einen kostengünstigeren Vertrieb erlauben.

Diese Plattform-Ökonomie ist nicht nur ein wachsender Bestandteil der gesamten Wirtschaft, sondern hat auch zunehmende Auswirkungen auf jeden angrenzenden Wirtschaftszweig. Dies beginnt beim Handel, zu dem viele KMU gehören, die sich auf einen neuen, nicht-ortsbezogenen Vertrieb einstellen müssen, geht über zu Telekommunikations-unternehmen, die dafür sorgen, dass die Nutzer der Plattformen und Online-Marktplätze stetigen Zugriff zum Internet haben und lässt auch Computer- und Smartphone-Hersteller nicht außer Acht, die dafür sorgen, dass diese Nutzer ein Gerät haben, dass ihnen erlaubt die Plattformen zu nutzen. Bis hin zu Liefer- und Versandunternehmen, die sich auf eine stetig steigende Anzahl Lieferungen einstellen müssen.

In der eCommerce-Branche gibt es ebenso wie auf der Seite der Online-Händler eine Vielzahl kleinerer Plattformen, die in allen Branchen zu der wirtschaftlichen Entwicklung einer Region, eines Landes und weltweit beitragen. Dies ist ein Grund wieso sich dieser Branchenreport mit allen im Mai 2017 bestehenden Domains weltweit befasst und nicht nur mit den größten und bekanntesten Plattformen, die durchaus einen entscheidenden Einfluss auf die Wirtschaft haben.

Heute ist die EU einer der größten eCommerce-Märkte weltweit. Dies hat natürlich auch eine entsprechende Richtungsänderung der europäischen Wirtschaft zur Folge. Gemäß der europäischen Kommission (2017) hat grenzüberschreitendes eCommerce das Potenzial zu der Integration des Binnenmarktes innerhalb der EU beizutragen. Manche Kunden finden es einfacher ausgewählte Produkte von einem anderen Mitgliedstaat zu erwerben als grenzüberschreitend in konventionellen Geschäften. Das sogenannte „Geoblocking" kann dies aber verhindern, da manche Verkäufer bestimmte Produkte nicht grenzübergreifend verkaufen und versenden. Die Recherche der Europäischen Kommission hat allerdings ergeben, dass die meisten Verkäufer in 21 EU Mitgliedsstaaten tätig waren und nur 4% sich für einen bestimmten Staat entschieden haben. Dies ist sicherlich auch dem Verkauf über Marktplätzen zu verdanken, denn gerade die Plattformen von Amazon und eBay ermöglichen einen sehr einfachen Einstieg in den grenzüberschreitenden Handel.

In Deutschland hat sich die Anzahl Online-Käufer innerhalb der letzten zwei Jahre verdoppelt. Der Anteil an Personen der Altersgruppe 16 – 74, die Waren und Dienstleistungen online von sowohl KMUs wie auch großen Plattformen gekauft haben, stieg von 30% in 2007 auf 55% in 2016.

Der chinesische Verbrauchermarkt unterliegt ebenfalls einem starken Wandel. Dieser zeigt viele neue Möglichkeiten und hat einen starken Einfluss auf die Wirtschaft mit all ihren involvierten Branchen. China hatte bereits 2011 mit 145 Mio. Menschen die zweitgrößte Zahl an Online-Einkäufern, nach den USA mit 170 Mio. Menschen. Dies ist fünfmal so viel wie im Vereinigten Königreich. Folgende Faktoren werden die chinesische Wirtschaft und den Verbrauchermarkt fördern:

→ Wachstum der Mittelschicht und wohlhabenden Haushalte treiben den Konsum an.

→ Digitale Medien und Berufe erschaffen eine neue Generation von anspruchsvollen Verbrauchern.

→ Der eCommerce schafft Möglichkeiten Erwerb und Beschäftigung in entlegenen Regionen zu bringen, aber auch einen vereinfachten Konsum in diesen Regionen.

Darüber hinaus wird angenommen, dass 81% der Konsumsteigerung von Haushalten mit einem jährlichen Einkommen von mehr als $ 24.000 kommen. Konsument im Alter von 35 oder jünger werden dieses Wachstum mit bis zu 65% auslösen. Die Wichtigkeit des eCommerce als Verkaufskanal wird stärker über die Zeit und geschätzte 42% der Konsumsteigerung einnehmen. 90% dieses Wachstums kann sich durch den mobile eCommerce ableiten.

Weltweit gilt, dass das Multichannel-Einkaufsverhalten durch diese Konsumenten Einfluss auf etablierte und weniger online, sondern offline tätige Unternehmen haben werden. Ein wesentliches Kriterium für die Stärke und das anhaltende Wachstum der eCommerce-Branche zeichnet sich dadurch aus, dass eCommerce-Domains und -Plattformen einen erleichterten Zugang zu einer breiter gestreuten Menge an Menschen und Gütern zu tieferen Preisen haben. Unternehmen, die diesen Trend schnell begreifen und in ihre Geschäftsstrategie integrieren konnten, profitieren heute davon.

Wie bereits beschrieben, hat diese Entwicklung auch einen Einfluss auf die Unternehmensorganisation: Je mehr Unternehmen sich auf den digitalen Vertrieb konzentrieren und Plattformen dafür nutzen, desto überschaubarer wird die eigene Wertschöpfungskette. Dies hat wiederum Auswirkungen auf den Arbeitsmarkt. Es kommt zu einer Umverteilung, die vermutlich solange zu einer geringeren Beschäftigtenzahl führen kann, bis sich die Wirtschaft vollständig auf diese Veränderung eingestellt hat. Laut einer Studie des Bundeswirtschaftsministeriums (2016) arbeiten heute mehr Menschen in diesem Sektor als in der kompletten Automobilbranche. Insgesamt sind fast 100.000 Tech-Unternehmen, die auch der Kategorie KMU angehören und damit Teil einer starken Wirtschaftsgruppe Deutschlands sind und jedes Jahr stoßen Tausende Neugründungen hinzu.

Kapitel 5

SCHLUSSFOLGERUNG

Aus diesem Branchenreport kann abgeleitet werden, dass die Plattformen und Online-Marktplätze der eCommerce-Branche sich in ihrer Vielfalt und Einflussnahme nicht nur an der wirtschaftlichen Entwicklung jedes Landes, jeder Region und auch weltweit beteiligen, sondern auch einen steuernden Effekt auf die Wirtschaft, das Händler- und Konsumentenverhalten haben wird.

Die DNA der Online-Marktplätze zeigt, dass sich diese durch die definierten Kriterien stark unterscheiden können, d.h. unterschiedliche strategische Ausrichtungen und Geschäftsmodelle entwickeln und somit die Möglichkeit besteht, sich im Wettbewerb zu differenzieren. Dies scheint u.a. schon deshalb notwendig zu sein, weil es sich weltweit um einen dynamischen und weiter entwickelnden Markt handelt, auf dem täglich neue Marktplätze entstehen. Regionen wie die EU und Länder wie das Vereinigte Königreich lassen dies durch geringe Eintrittsbarrieren zu und geben durchaus die Chance sich gegen die etablierten Plattformen und Online-Marktplätze durchzusetzen.

Die Ergebnisse dieses World-Rankings zeigen, dass die führenden Online-Marktplätze Unternehmen sind, die genau für den Zweck des eCommerce gegründet wurden und sich im Laufe der letzten wenigen Jahrzehnte zu einflussreichen Konzernen entwickelt haben. Mischkonzerne, die erkannt haben wie profitabel dieses Geschäft sein kann, legen einen starken Fokus darauf, sich auf dem eCommerce-Markt zu behaupten, bleiben in den betrachteten Regionen bislang aber hinter den Marktführern zurück. Der Schluss liegt nahe, dass nicht nur der Betrieb einer erfolgreichen und weltweit tätigen Plattform bzw. eines Online-Marktplatzes sehr aufwendig ist, sondern auch bereits so viel Wettbewerb besteht, dass es Mischkonzerne schwieriger haben sich zu differenzieren und damit bei Nutzern bekannt und attraktiv zu werden.

Abgesehen davon ist aufgefallen, dass die APAC-Region mit der Anzahl Domains einen Anteil von 18% weltweit einnimmt und die USA damit deutlich überholt. Dies erstaunt insofern als, dass die USA größtenteils als Ursprung der eCommerce-Branche gelten und diese bis heute stark fördern, wohingegen der chinesische eCommerce-Markt durch verschiedene Einflussnahmen eingeschränkt wirkt.

Ein weiterer Effekt zeigt dieser Report bezüglich B2C-Marktplätzen. Aktuell gibt es nur wenige Spezialisten-Marktplätze in den einzelnen Ländern. Hier sehen wir eine besondere Nische mit großem Potenzial.

Auch wenn dieser Branchenreport die B2B-Marktplätze weitgehend nicht analysiert hat, so ist doch festzustellen, dass gerade in diesem Feld noch viel Entwicklungsraum liegt. Im B2C-Bereich sind bereits extrem starke Allrounder-Marktplätze wie Amazon, eBay und Alibaba unterwegs, aber im B2B-Bereich fehlen diese Big-Player noch. Darüber wird dann die nächste Analyse mit Ranking handeln.

ABBILDUNGEN UND TABELLEN

FÜR UPDATES UND ERGÄNZUNGEN
BITTE REGISTRIEREN UNTER

WWW.MARKETPLACES.DIGITAL

AUSFÜHRLICHE INDIVIDUELLE
ANALYSEN UND RANKINGS
ODER VORTRÄGE
AUF ANFRAGE

OLIVER PROTHMANN
O@P.DIGITAL